1804-1812

Par l'abbé J. M. [illegible] HUNIER

INSTITUTION SAINT-CYR DE NEVERS

Prix : [illegible] fr.

LES PASSAGES DU PAPE PIE VII

DANS LA NIÈVRE

LES
PASSAGES DU PAPE PIE VII
DANS LA NIÈVRE
1804-1812

PAR

L'Abbé J.-M. MEUNIER

De la Société de Linguistique de Paris
Ancien élève de l'Ecole pratique des Hautes Études
Licencié ès lettres

PROFESSEUR A L'INSTITUTION SAINT-CYR DE NEVERS

PRIX : **3** FR.

*Ouvrage orné de trois similigravures hors texte et d'une carte
du département de la Nièvre,
Et honoré d'une Réponse de Sa Sainteté Pie X
et d'une Lettre du Cardinal Merry del Val.*

Préface de M. RENÉ DE LESPINASSE, ancien Conseiller général de la Nièvre,
Président de la Société nivernaise des lettres, sciences et arts.

NEVERS
G. VALLIÈRE, IMPRIMEUR
Avenue de la Gare, 24

1904

Imprimatur

Niverni, 30 Nov. 1904,

G. GARNIER,

Vicaire capitulaire.

A Sa Sainteté le Pape Pie X

Très Saint-Père,

C'est pour l'auteur de ce modeste travail une bien vive satisfaction en même temps qu'un grand honneur de pouvoir dédier à Votre Sainteté son opuscule sur Les Passages du Pape Pie VII dans le département de la Nièvre. *Tout ce qui touche ce grand et saint Pontife vous est particulièrement cher, et si Votre Sainteté a choisi le nom bien aimé de Pie X, c'est en souvenir de Pie VII, qui fut élevé au Souverain Pontificat dans cette ville de Venise, où la divine Providence est venue vous chercher pour vous placer sur la Chaire de saint Pierre* (1).

Or, Pie VII a traversé deux fois le Nivernais : la première fois en 1804, ce fut un voyage triomphal ; le Pape se rendait à Paris pour y sacrer l'Empereur des Français. Le lecteur verra combien les fidèles de la Nièvre furent heureux d'acclamer le Vicaire de Jésus-Christ, et avec quelle profonde piété ils reçurent la bénédiction apostolique. Trois ans auparavant, ce Souverain Pontife, de concert avec le Premier Consul, avait relevé les autels et rendu à la France, par le Concordat de 1801, avec la paix religieuse, la prospérité nationale. Déjà Pie VII appliquait cette devise de l'apôtre saint Paul, que vous avez faite vôtre : Instaurare omnia in Christo (2).

---

(1) E supremi apostolatus cathedra, ad quam, consilio Dei inscrutabili, evecti fuimus. (*Encyclique*, 4 octobre 1903).

(2) *Ephes.*, i, 10.

Le second voyage eut lieu huit ans après, en 1812. Mais les temps étaient changés. Napoléon persécutait l'Église. Près de trente diocèses en France se trouvaient vacants ; des prêtres et des évêques avaient été cruellement séparés de leur bien-aimé troupeau, de nombreux cardinaux gémissaient enfermés dans de redoutables forteresses, le Saint-Siège se voyait injustement dépouillé de ses États, malgré une possession dix fois séculaire, et le Souverain Pontife était prisonnier à Savone. L'avenir apparaissait bien sombre, et plus ouvert à la crainte qu'à l'espérance. Cependant Dieu veillait sur son Église comme Il veille encore aujourd'hui.

L'Empereur des Français, auquel Pie VII était allé quelques années avant « porter le Saint-Chrême », le faisait alors conduire en secret de Savone à Fontainebleau comme prisonnier d'État. Dans ce second voyage, le Saint-Père, presque seul, peregrinus et aegrotans (1), passait encore, mais rapidement et sans être reconnu, à travers ces villes et ces villages du Nivernais dont, en 1804, il avait béni les populations agenouillées sur sa route.

La divine Providence permit que le Pontife souffrant et persécuté s'arrêtât entre Nevers et La Charité-sur-Loire, à l'endroit où fut élevé, en 1867, le monument religieux qui rappelle ce touchant souvenir et qu'on nomme la Croix du Pape. L'arrière-grand'mère de l'auteur habitait une des rares maisons bâties alors dans ce lieu. Elle offrit au Saint-Père, sur sa demande, une tasse de lait et deux œufs, et reçut en retour la bénédiction du Vicaire de Jésus-Christ. C'est à cette bénédiction papale que l'auteur de cette étude attribue sa vocation au

---

(1) *Inscription du monument élevé à Tronsanges en souvenir du passage de Pie VII en 1812. (Voir ce monument, p. 97).*

sacerdoce. Bien plus, l'un des successeurs de Pie VII et des prédécesseurs de Votre Sainteté, neuvième du même nom, ayant voulu qu'en mémoire de ce fait le Denier de Saint-Pierre contribuât aux frais de son instruction cléricale, il a cru accomplir envers la Papauté un acte de reconnaissance en écrivant cet opuscule.

Aussi, prosterné aux pieds de Votre Sainteté, il la prie humblement de daigner renouveler, après bientôt cent ans, cette bénédiction apostolique, qu'il sollicite, en même temps que pour lui-même, pour toute sa famille, pour le petit séminaire de Pignelin et le grand séminaire de Nevers, où il a été élevé, pour les professeurs et les élèves de l'Institution Saint-Cyr, à laquelle il a l'honneur d'appartenir, pour le clergé et les fidèles du diocèse de Nevers (1), qui conserveront longtemps encore le souvenir des passages de Pie VII dans la Nièvre.

De Votre Sainteté le tout petit fils in Christo,

JEAN-MARIE **MEUNIER**,

Prêtre,

Professeur à l'Institution Saint-Cyr, Nevers.

---

(1) *L'Église de Nevers pleure encore son évêque, Mgr Lelong, mort le 16 novembre 1903, après avoir gouverné sagement et pieusement le diocèse pendant vingt-six ans. Nous espérons que la divine Providence lui enverra promptement un digne successeur.*

N° 10.547

Reverendissimo Signor Professore J.-M. MEUNIER

Nevers.

REVERENDISSIMO SIGNORE,

Con lodevole pensiero la S. V. Illustrissima raccolse in un volume le storiche memorie riguardanti il viaggio dalla Santità di Pio VII per ben due volte compiuto attraverso il Dipartimento della Nièvre.

Infatti riescono esse importanti per l'eminente figura del Pontefice, da Lei posta in maggior luce, e attraenti per la copia degli aneddoti che illustrano le ragioni e il modo, onde il viaggio stesso si svolse.

Le sono adunque grato per l'esemplare che Ella volle con gentile premura favorirmi.

In pari tempo mi rallegro vivamente con Lei, che con le faticose indagini eseguite negli Archivi arreca agli studii storici cosi utile contributo.

Mi valgo con piacere dell' incontro per ripetermi con sensi di particolare stima.

Di V. S. Reverendissima,

Affettissimo per servirla,

Cardinale MERRY DEL VAL.

Roma, 8 Marzo 1905.

RÉVÉRENDISSIME SEIGNEUR,

Vous avez eu la louable pensée de recueillir en un volume les documents historiques relatifs au voyage que Sa Sainteté Pie VII a fait par deux fois à travers le département de la Nièvre.

En effet, ces documents sont importants en raison de l'éminente figure du Pontife que vous avez mise en plus grande lumière, et attachants par l'abondance des anecdotes qui font connaître les causes de ce voyage et la manière dont le voyage même s'accomplit.

Je vous suis donc reconnaissant de l'exemplaire que vous m'avez offert avec un gracieux empressement.

En même temps je me réjouis vivement avec vous de la si utile contribution que vous apportez aux études historiques, grâce aux pénibles recherches que vous avez exécutées dans les Archives.

Je saisis avec plaisir l'occasion de me redire avec des sentiments de particulière estime.

De Votre Révérendissime Seigneurie,
Le très affectionné serviteur,

Cardinal MERRY DEL VAL.

Rome, 8 Mars 1905.

N° 12.854

Reverendissimo Signor Professore J.-M. MEUNIER,
Nevers.

REVERENDISSIMO SIGNORE,

Non appena mi pervenne il foglio della S. V. Illustrissima in data 25 Luglio corrente, non mancai di fare opportune indagini per conoscere se nelle venerate mani del Santo Padre fosse giunto l'opuscolo da Lei dato in luce sul viaggio per ben due volte compiuto dal sommo Pontefice Pio VII nel Dipartimento della Nièvre.

Godo pertanto poterla rassicurare chè l'esemplare dello stesso opuscolo da Lei inviato, giunse all' alta Sua destinazione, e chè Sua Santità accolse l'omaggio con sensi di viva compiacenza e di cuore La ringrazia per il devoto pensiero.

In pari tempo si rallegra chè Ella, mercè lunghi e pazienti studii, abbia con tanta copia di documenti, illustrato un punto cosi importante nella storia del suo glorioso Predecessore.

Quale pegno poi della sua benevolenza, Le imparte l'Apostolica benedizione, auspice di celesti favori.

Mi valgo del grato incontro per ripetermi con sensi di ben distinta stima.

Di V. S. Reverendissima,

Affettissimo per servirla,

Cardinale MERRY DEL VAL.

Roma, 29 Luglio 1905.

A peine eus-je reçu la lettre de Votre Seigneurie Illustrissime en date du 25 juillet courant, que je me suis empressé de faire les recherches convenables pour savoir si l'opuscule publié par vous sur le double voyage du Souverain Pontife Pie VII dans le département de la Nièvre, était parvenu aux mains vénérées du Saint-Père.

Je suis heureux de pouvoir vous rassurer : l'exemplaire par vous envoyé est bien arrivé à sa haute destination. Sa Sainteté en a accueilli l'hommage avec une vive satisfaction, et vous remercie de cœur pour la pensée de dévotion filiale qui l'accompagnait.

Sa Sainteté se réjouit aussi de ce que, par vos longues et patientes recherches et avec grande abondance de documents, vous avez mis en lumière un point si important de l'histoire de son glorieux Prédécesseur.

Enfin, comme gage de sa bienveillance, Elle vous accorde la Bénédiction apostolique, présage des faveurs célestes.

Je profite de cette agréable occasion pour vous renouveler les sentiments de ma considération très distinguée.

De Votre Révérendissime Seigneurie,

Le très dévoué serviteur,

Card. MERRY DEL VAL.

Rome, le 29 Juillet 1905.

PRÉFACE

Monsieur l'Abbé et Cher Confrère,

En attendant la lecture de votre intéressante étude sur les passages de Pie VII à travers le Nivernais et en la relisant moi-même, j'ai apprécié en vous les mérites que je vous connaissais déjà : le saint prêtre, l'homme de cœur, l'historien fidèle et impartial (1).

Le dix-neuvième siècle, surtout à ses débuts, appartient maintenant à l'histoire, et en dévoilant ces détails si précieux et si touchants, vous avez charmé notre esprit et remonté nos courages.

Un voyage alors, de Rome à Paris, sur de mauvaises routes, dans une berline peu confortable, c'était bien dur pour un vieillard délicat et malade, mais le respect et l'enthousiasme des populations, l'importance du sacre de Napoléon, en cet instant maître du monde, décidèrent le Pape. Ce fut pour Sa Sainteté une course triomphale.

Le deuxième voyage, imposé et précipité, fut une croix des plus pénibles. Image cruelle et poignante des grandeurs et des tristesses de la vie pour les rois comme pour les humbles sujets.

Patient chercheur et historien fidèle, vous avez raconté ces deux passages si remplis de contrastes, exposant les préparatifs et les rôles des autorités locales, l'attitude respectueuse des masses, les péripéties et les lenteurs de ces transports, avec une abondance de preuves et de documents, une sagacité et une élégance de style qui font votre éloge.

On ne saurait analyser ou faire des extraits de votre étude où tout s'enchaîne et se suit. On sent que vous l'avez écrite avec votre cœur. Si vous avez voulu plaire à vos compatriotes, les intéresser à ces souvenirs et les édifier par ces marques de dévotion, vous aviez plutôt le désir d'acquitter une dette de reconnaissance.

Dans vos dernières pages, vous faites le récit de l'épisode

---

(1) Cette étude sur Pie VII, avant d'être imprimée, a été lue à la Société nivernaise des lettres, sciences et arts.

de votre vie, vraie légende de bonheur, où le Pape
Pie IX, ce grand successeur de Pie VII, entendant
l'évêque de Nevers rappeler les petits soins qu'eurent
vos grands parents pour Sa Sainteté à son passage
à Tronsanges, s'inquiéta de votre enfance pour l'avenir. Pie IX désirait faire de vous un prêtre, vous
en aviez la vocation ; comment, avec un guide pareil,
n'auriez-vous pas atteint cette haute destinée ?

Ce sera la gloire et la consolation de votre carrière,
dans les jours de deuil que traverse notre chère patrie : et,
puisque vous me donnez l'occasion de le dire, je ne puis
oublier, moi aussi, qu'à peu près à la même époque, étant
jeune étudiant, dans un séjour à Rome, je reçus de Pie IX
un charmant camée sur coquille, et que, insigne faveur, il
daigna me donner de sa main la sainte communion, puis
plus tard la croix de Saint-Grégoire.

Vos parents, mon cher abbé, m'ont soutenu dans mes
luttes politiques, et, en m'offrant une place en tête de
votre belle notice historique, vous m'invitez à invoquer
ces souvenirs chers à mon cœur, admiration pour Sa
Sainteté Pie IX et affection pour vous.

RENÉ DE L'ESPINASSE,

Ancien Conseiller général de la Nièvre,

Président de la Société nivernaise des lettres,
sciences et arts.

CARTE
DU DEPARTEMENT
DE LA NIEVRE
Signes conventionnels
Echelle
Kilomètres

LES PASSAGES du PAPE PIE VII

DANS LA NIÈVRE

1804-1812

SOURCES ET DOCUMENTS

Le département de la Nièvre a été deux fois traversé, à huit ans de distance, par le Pape Pie VII : la première fois en 1804 et la seconde en 1812.

Il y a, sur le premier voyage, aux archives de Nevers, quelques documents inédits qui nous ont été indiqués par M. P. Marmottan, de Paris (1), et que M. Duminy,

---

(1) M. P. Marmottan est un écrivain bien connu et un critique d'art très apprécié. Ses ouvrages historiques et ses études sur les arts et la peinture font autorité. C'est sur les conseils et les instances de ce charmant homme de lettres que nous nous sommes décidé à interrompre, pour quelques mois seulement, nos recherches sur les *Parlers du Nivernais*, afin de nous livrer à cette étude historique, à laquelle nous n'étions point préparé. De plus, M. Marmottan a lu attentivement notre manuscrit et en bien des pages nous avons profité de son érudition. Nous le remercions sincèrement ainsi que tous nos amis, qui ont bien voulu, au cours de la publication de ce travail dans le *Journal de la Nièvre*, nous faire des remarques, dont nous avons toujours tiré quelque avantage.

● 1

bibliothécaire de la ville, s'est empressé de nous communiquer.

Les délibérations des conseils municipaux de La Charité et de Cosne, délibérations prises à l'occasion du passage de Pie VII en 1804 dans ces villes, ont été aussi mises à contribution dans ce modeste travail.

Nous n'avons trouvé aucun document écrit concernant la Nièvre sur le second passage de Pie VII, c'est-à-dire en 1812. Mais la tradition encore vivante dans le pays nous fournit en abondance les renseignements et même les détails les plus circonstanciés sur ce second voyage, ou plutôt sur l'arrêt de Notre Saint-Père le Pape à Tronsanges, un des rares endroits où l'histoire rapporte qu'il se soit reposé depuis le mont Cenis jusqu'à Fontainebleau (1).

Les Archives nationales ont été aussi consultées dans le but d'éclairer ce petit coin d'histoire locale que nous étudions. Rien n'a été découvert qui ait trait aux passages du Souverain Pontife dans la Nièvre soit en 1804, soit en 1812 (2).

---

(1) Nous devons dire que M. l'abbé Malville, actuellement curé de Saint-Eloi, près Nevers, a recueilli en partie et consigné dans le registre paroissial en 1888, alors qu'il était curé de Tronsanges, la tradition qui avait cours dans sa paroisse au sujet du passage de Pie VII à Barbeloup, en 1812.

(2) Je suis heureux de remercier ici mon ancien élève et ami Achille Mazeron, avocat à la Cour d'appel de Paris. Il a dépouillé, aux Archives nationales, successivement le carton F⁷ 3683⁴ : « Rapports de police concernant la Nièvre en l'an XIII et en 1812 » ; le carton F⁷ 4566 : « Police générale, dossier relatif à la Nièvre » ; puis dans la série F¹, il a passé en revue F¹ᵃ 426 : « Relation du ministre avec les préfets » ; ensuite F¹ᶜ 5 : « Rapport du préfet sur l'esprit public ». Il n'a trouvé, dans tous ces cartons, rien concernant les passages de Pie VII dans la Nièvre. La série O², carton 21, est spécialement et exclusivement consacrée aux documents qui ont trait à la tenue de la maison du Pape en l'an XIII et en 1812, c'est-à-dire à son séjour à Paris et à Fontainebleau. Je remercie également M. L. Mirot, secrétaire aux Archives nationales, qui a dirigé M. Mazeron dans ses recherches.

Nous avons puisé largement dans l'*Histoire du Pape Pie VII*, par le chevalier Artaud, en résumant, pour mettre au courant le lecteur, ce que cet auteur rapporte au sujet de ces deux voyages en France.

Le premier voyage de Pie VII est un vrai triomphe. Le Pape traverse l'Italie et la France pour se rendre à Paris et sacrer l'Empereur Napoléon. Les autorités religieuses, civiles et militaires sont convoquées dans toutes les villes par où doit passer Sa Sainteté. Partout, comme dans la Nièvre (1), les peuples accourent en foule pour acclamer le Souverain Pontife et lui demander sa bénédiction.

L'autre voyage n'a rien de cette pompe triomphale. Malgré ses soixante-dix ans, Pie VII, souffrant et infirme, traverse la Nièvre dans une voiture fermée à clef et entourée de gendarmes, comme si c'eût été un malfaiteur dangereux ou un vulgaire prisonnier. On le transfère sans arrêt et en secret de Savone à Fontainebleau en juin 1812.

Contraste frappant, voyages bien différents sur une même route et à travers les mêmes villes. Personne cette fois, en voyant la berline pontificale passer rapidement, ne soupçonne que le Pape prisonnier parcourt

---

(1) L'histoire a gardé le souvenir de quatre ou cinq Papes qui ont foulé le sol du Nivernais. Parmi eux, il faut citer Pascal II qui consacra l'église de La Charité-sur-Loire, en 1106.

En 1130, Innocent II, étant à Decize, confirma toutes les donations faites au Chapitre de Nevers.

Enfin, en 1305, Clément V passe à Nevers et y couche. Il y fut reçu par l'évêque Jean de Savigny.

Chaque fois, les populations religieuses du Nivernais se sont portées avec enthousiasme au devant des Souverains Pontifes et les ont accueillis avec des démonstrations publiques d'une piété ardente et d'une foi profonde. Nous avons constaté avec plaisir, dans cette étude sur les passages de Pie VII dans la Nièvre, que la religion des ancêtres et leur amour envers les Papes sont restés profondément gravés au cœur des populations actuelles du Nivernais.

LE PAPE PIE VII

Lors de son premier passage en 1804

PREMIER PASSAGE DE PIE VII

DANS LA NIÈVRE

1804

CHAPITRE PREMIER

Préparatifs du Voyage de 1804

Napoléon s'était élevé aux premières dignités de la France. Ses victoires l'avaient désigné aux Français pour être non seulement à la tête des armées, mais encore pour gouverner et administrer le pays.

Nommé Premier Consul en 1800, il pense aussitôt à donner une nouvelle existence légale à la religion catholique, si haineusement traquée pendant la Révolution. Sans doute, le courant catholique existait avant lui, il existait latent et caché et cheminait sous l'amas des ruines accumulées par les persécutions et les rigueurs. Mais il fallait porter un coup puissant dans ce bloc et le désagréger, pour que la source captive s'élançât au jour et s'épandît au loin. Nous n'avons pas à examiner ici le point de vue personnel de Bonaparte dans l'établissement du Concordat. Voulait-il déjà capter cette source vive, l'utiliser, s'en faire un agent de pacification d'abord et de domination ensuite ? Voyait-il dans ce rapprochement avec l'Église la formation d'un parti politique nouveau, un secours au service de son ambition, un rêve de future grandeur, en un mot, un *instrumentum regni* ? C'est du moins les desseins que M. de Lafayette sembla prêter alors à Napoléon, et sans peut-être faire un jugement trop téméraire, puisque Bonaparte se contenta de répondre à M. de Lafayette, qui lui demandait, en badinant, si la signature du Concordat n'était pas le prélude de la cérémonie du sacre : « Nous verrons, nous verrons (1) ». Quoi qu'il en soit, le sacre ne se fit pas attendre longtemps. Le Concordat avait été signé en 1801, et dès le 18 mai 1804, Napoléon est déclaré par les sénateurs Empereur des Français. Huit jours auparavant, il avait fait écrire au cardinal Caprara, légat du Pape en France, pour inviter Sa Sainteté à venir le sacrer et le couronner à Paris (2). Le cardinal Fesch, oncle de l'Empereur, fut envoyé à Rome pour négocier d'abord confidentiellement avec la cour romaine, puis pour porter des paroles décisives.

Pendant ce temps, Talleyrand, ministre des affaires étrangères, écrivit au cardinal Caprara une lettre dans laquelle il rappelait tout ce que, d'après lui, l'Eglise devait à Napoléon : « Les temples rouverts, les autels relevés, le culte rétabli, le ministère organisé, les chapitres dotés, les séminaires fondés, etc. ». C'était faire sonner bien haut et exagérer beaucoup les services rendus à la religion par Bonaparte. Outre que le culte était rétabli dans près de 40.000 paroisses avant le Concordat, le budget des cultes n'était qu'une faible restitution des biens ecclésiastiques aliénés et confisqués par la Révolution.

Après des pourparlers longs et laborieux, après avoir consulté les cardinaux, Pie VII crut que l'Eglise de France et même l'Eglise entière retirerait de grands avantages de son voyage, et il résolut d'accepter l'invitation.

Il espérait, le Saint Pontife, que ses relations personnelles avec l'homme devant lequel tous tremblaient, que sa grande condescendance en vue d'un événement qui aurait permis d'offrir au monde un spectacle unique dans l'histoire, profiteraient à l'Eglise et lui permettraient d'obtenir, notamment pour le clergé de France, un régime de vie plus doux et plus digne (3). Pie VII se rappelait d'ailleurs le Concordat et il voulait donner à Napoléon qui l'avait signé une preuve de sa grande bienveillance, car malgré tout il restait sous le charme de ce vaste génie qui marquait également sa puissance dans toutes les branches de l'activité humaine. Aussi, après avoir pris certaines dispositions diplomatiques pour ménager les susceptibilités des autres nations catholiques, il ne recula pas devant un voyage long et fatigant.

---

(1) Albert VANDAL, *L'Avénement de Bonaparte*, p. 569.
(2) ARTAUD, *Vie et Pontificat du Pape Pie VII*, t. I, p. 449-519.
(3) *Nomination et institution canonique des évêques*, T. CRÉPON. *Le Correspondant*, 10 mars 1903, p. 851.

A cette époque, un voyage de Rome à Paris était très pénible et durait plusieurs semaines.

Il fallait aller en voiture par des routes souvent mauvaises, coucher dans des auberges pas toujours très confortables (1). On changeait les chevaux à tous les relais, ce qui occasionnait une perte de temps considérable. Ainsi, pour la Nièvre, les relais étaient, en allant du sud au nord, sur la route de Lyon à Paris : Villeneuve (Allier), Saint-Imbert, Saint-Pierre-le-Moûtier, Magny-Cours, Nevers, Pougues, La Charité-sur-Loire, Pouilly, Cosne, Neuvy. Mais, comme nous le verrons plus loin, les relais des équipages pontificaux ne furent organisés dans la Nièvre qu'à Saint-Pierre-le-Moûtier, Nevers, La Charité et Cosne. Cette mesure fut prise par le préfet à cause du grand nombre de chevaux qu'il fallait requérir pour le cortège pontifical (les autres relais et beaucoup de particuliers ayant amené leurs chevaux aux villes indiquées), et aussi à cause de la lenteur de la marche du Saint-Père. Pie VII devait s'arrêter quelques minutes dans toutes les villes qu'il traversait au pas, pour recevoir les compliments des autorités locales et satisfaire la piété des fidèles prosternés sur son chemin.

Après que le Souverain Pontife eut décidé son voyage en France, il attendit l'invitation de l'Empereur qui lui écrivit la lettre suivante :

TRÈS SAINT PÈRE,

L'heureux effet qu'éprouvent la morale et le caractère de mon peuple, par le rétablissement de la religion chrétienne, me porte à prier Votre Sainteté de me donner une nouvelle preuve de l'intérêt qu'elle prend à ma destinée, et à celle de cette grande nation, dans une des circonstances les plus importantes qu'offrent les annales du monde. Je la prie de venir donner, au plus éminent degré, le caractère de la religion à la cérémonie du sacre et du couronnement du premier empereur des Français. Cette cérémonie acquerra un nouveau lustre, lorsqu'elle sera faite par Votre Sainteté elle-même. Elle attirera sur nous et nos peuples la bénédiction de Dieu, dont

---

(1) Lire sur cette question : La *Revue des Deux-Mondes*, 15 janvier 1904 : « Le mécanisme de la vie moderne, les grandes hôtelleries », p. 322-353, par M. le Vte Georges D'AVENEL ; et un autre article paru dans l'*Université catholique*, le 15 octobre 1903 : « Sur les grands chemins de la vieille France : Comment nos pères allaient de Lyon à Paris », par O.-C. REURE ; puis : *La Manière de voyager autrefois et de nos jours*, Alexis BELLOC. Paris, lib. Ch. Delagrave.

les décrets règlent à sa volonté le sort des empires et des familles.

Votre Sainteté connaît les sentiments affectueux que je lui porte depuis longtemps et, par là, elle doit juger du plaisir que m'offrira cette circonstance de lui en donner de nouvelles preuves.

Sur ce, nous prions Dieu qu'Il vous conserve, Très Saint Père, longues années au régime et gouvernement de notre mère sainte Eglise.

Votre dévot fils,

NAPOLÉON.

Ecrit à Cologne, le 15 septembre 1804.

Cette lettre fut remise au général Caffarelli, qui arriva à Rome le 29 septembre.

Le Pape la communiqua le 30 aux cardinaux et, le 29 octobre, il assembla son Consistoire et adressa aux Princes de l'Eglise une allocution où il disait :

« Dieu nous en est témoin ; Dieu, devant lequel nous avons humblement ouvert notre cœur ; Dieu, vers qui nous avons souvent élevé nos mains dans son saint temple, afin qu'Il exauçât la voix de notre prière et qu'Il daignât nous assister : nous ne nous sommes proposé que ce que nous devons rechercher dans toutes nos actions, rien autre chose que la plus grande gloire de Dieu, l'avantage de la religion catholique, le salut des âmes et l'accomplissement du devoir apostolique qui nous a été confié, à nous quoiqu'indigne ».

Le 1er novembre, le Pape expédia les décisions qui donnaient au cardinal Consalvi les pouvoirs pour gouverner politiquement toutes les affaires de Rome pendant son absence et fixa son départ pour le lendemain.

CHAPITRE II

De Rome à Lyon

Le 2 novembre, le Saint-Père se rendit vers sept heures et demie du matin, à l'église de Saint-Pierre, y entendit la messe et fit une longue prière. Outre l'acte important que Pie VII allait accomplir à Paris et les questions religieuses qu'il devait traiter avec l'Empereur Napoléon, la longueur et la difficulté du chemin l'effrayaient beaucoup. Il avait alors soixante-deux ans, et il était d'une santé délicate. A neuf heures, il se mit en marche par le chemin de la porte Angélique. Le peuple bordait les avenues pendant à peu près l'espace d'une lieue et lui prodiguait les témoignages du respect le plus touchant. Le lendemain 3 novembre, tout le cortège se trouva réuni à Radicofani, parce qu'il était parti en plusieurs convois, à quelques heures de distance. Le lecteur nous saura gré peut-être de nommer quelques-uns des principaux personnages qui accompagnèrent le Saint-Père et firent partie de ce magnifique cortège qui traversa notre Nivernais.

On comptait six cardinaux : Leurs Eminences les cardinaux Antonelli, Borgia, di Pietro, Caselli, Braschi et de Bayane. Les prélats de la suite étaient monsignor Bertazzoli, aumônier du Pape, le même qui accompagnera Pie VII prisonnier en 1812, dans son voyage de Savone à Fontainebleau ; puis Monochio, sagrista ; Fenaia, vice-gérant ; Devoti, secrétaire des brefs aux princes. Ensuite, monsignor Gavotti, majordome, et monsignor Altiéri, faisant fonction de maître de chambre. Parmi les prélats domestiques, on comptait monsignor Testa, secrétaire des lettres latines ; Caldérini, secrétaire d'ambassade ; Mancurti, le Père Fontana, secrétaire de la Propagande ; le maître des cérémonies, monsignor Zucché, monsignor Speroni, etc. Parmi les laïques, on remarquait le duc Braschi, neveu de Pie VI, un des signataires du traité de Tolentino ; le prince Altiéri, le marquis Sacchetti, surintendant de la maison et maréchal des logis du voyage.

La fonction de maréchal des logis n'était pas une sinécure, à cette époque surtout, et pour un cortège qui comprenait un si grand nombre de dignitaires et un plus nombreux personnel encore. C'était d'autant plus difficile de trouver à loger cette longue suite de hauts personnages que les hôtels, au commencement du siècle dernier, étaient plus rares et moins vastes que ceux d'aujourd'hui. Ajoutez à cela la nécessité de s'arrêter quelquefois pour coucher dans de petites villes où les hôtelleries étaient peu nombreuses, comme ce fut le cas pour la ville de Cosne, et on comprendra facilement que le marquis Sacchetti avait une lourde charge à supporter comme maréchal des logis, pendant ce voyage qui dura plus de vingt-cinq jours.

Le cardinal Consalvi avait attaché à la personne du Pape une division des bureaux de la secrétairerie, composée de monsignor Mauri (ce n'était pas un parent du cardinal), l'abbé Ménicucci, etc. Un médecin, un chirurgien occupaient d'autres voitures. Enfin, quinze personnes de service précédaient ou suivaient la berline du Pape.

Pour ne pas amener d'encombrement, pour voyager plus facilement et trouver plus sûrement de la place dans les auberges, le cortège fut divisé *en trois convois* qui passèrent successivement et à des jours différents dans les mêmes villes, comme nous le verrons pour la Nièvre.

Quelques jours après son départ, Pie VII arriva à Florence où la pieuse reine d'Etrurie avait fait préparer des logements somptueux pour le recevoir. Dès le lendemain, le Saint-Père quitte Florence, prend la route de Pistoie à Modène, et change son itinéraire pour ne pas passer à Bologne, ville des anciens Etats du Saint-Siège et occupée par la République italienne, aux termes du traité de Tolentino.

Pendant que le Souverain Pontife traversait l'Italie pour se rendre en France, Napoléon envoyait au-devant de Sa Sainteté une députation composée des trois dignitaires suivants : Son Eminence le cardinal Cambacérès, M. le sénateur d'Aboville (1) et M. le maître des cérémonies Salmatoris.

---

(1) Le comte d'Aboville (François-Marie) naquit à Brest, le 23 janvier 1730. Il était le neveu du lieutenant général des camps et armées du roi Julien d'Aboville, qui commandait l'artillerie du maréchal de Saxe, et il assista comme aide de camp de son oncle aux batailles de Fontenoy (1745) et de Lawfeld (1747). Il se signala pendant la guerre de Sept Ans au siège de Münster, prit une part

Voici, d'ailleurs, la lettre que l'Empereur remit au cardinal Cambacérès pour Pie VII :

TRÈS SAINT-PÈRE,

J'ai nommé M. le cardinal Cambacérès, le sénateur d'Aboville et mon maître des cérémonies Salmatoris pour aller au-devant de Votre Sainteté et lui porter l'hommage de mon dévouement filial, en reconnaissance du témoignage d'affection qu'elle m'a donné dans cette circonstance. J'ai fait choix en eux de trois personnes que je considère et qui connaissent particulièrement mes sentiments pour votre personne. J'ai le plus grand empressement de voir Votre Sainteté heureusement arrivée après un si pénible voyage, de lui exprimer la haute idée que j'ai de ses vertus, et de me féliciter avec elle des biens que nous avons eu le bonheur de faire ensemble à la religion.

Sur ce, je prie Dieu, Très Saint-Père, qu'il vous conserve longues années au régime et gouvernement de notre mère sainte Eglise.

Votre dévot fils,

NAPOLÉON.

Paris, ce 1er novembre 1804.

La légation devait passer dans le Nivernais, et voici la lettre du préfet de la Nièvre au maire de Nevers pour l'informer de cet événement :

Nevers, le 12 brumaire an 13 de la République.

Le Préfet du département de la Nièvre, membre de la Légion d'honneur, à M^r le Maire de Nevers.

Je m'empresse de vous prévenir qu'une légation composée de Son Eminence M^r le cardinal Cambacérès, M^r le sénateur Aboville et M^r le maître des Cérémonies Salmatoris est partie hier de Paris et passera par ce département pour se rendre aux frontières à l'effet d'y recevoir Sa Sainteté.

Le gouvernement ayant réglé que les honneurs à rendre à cette légation seraient pareils à ceux que défère aux Ministres

---

glorieuse à l'expédition d'Amérique sous les ordres de Rochambeau. En 1789, il était membre du comité militaire et commandait l'artillerie à cheval à la bataille de Valmy. Devenu suspect, il fut emprisonné puis relâché le 9 thermidor. Nommé vice-président du Sénat, en 1803, il reçut en 1804 la mission d'aller chercher le Pape à Alexandrie et de l'accompagner pour la cérémonie du sacre. Le comte d'Aboville mourut à quatre-vingt-huit ans doyen des Pairs de France. C'est l'arrière grand-père de M. Christian d'Aboville qui habite actuellement le château de Glux (Nièvre).

la section 2 du titre 7 du décret impérial du 24 messidor dernier, je vous invite : 1° à prendre, au reçu de la présente, les mesures nécessaires pour qu'un détachement de la garde nationale se tienne prêt à marcher pour aller à la rencontre de la légation au premier son de caisse qui l'y appellera ; 2° à vous rendre à l'hôtel de la Préfecture avec MM. vos adjoints pour faire partie du cortège qui recevra cette légation à la porte de votre commune, dès que je vous aurai fait annoncer l'approche des voitures.

Je compte assez sur le zèle de la garde nationale pour croire que le détachement qui sera commandé se rendra avec empressement au poste que vous lui indiquerez ; mais s'il en était autrement, si quelques-uns des hommes commandés oubliaient leur devoir en refusant d'obéir sur le champ, je vous recommande expressément de me les indiquer et de les faire poursuivre et punir suivant toute la sévérité des lois.

Vous voudrez bien m'accuser la réception de la présente et me donner connaissance de ce que vous aurez fait pour en remplir les dispositions, il n'y a pas de *tems* à perdre car d'un moment à l'autre la légation peut arriver.

J'ai l'honneur de vous saluer. P.-A. ADET.

Ce même jour, le maire de Nevers, Dard-Despinay, communiqua au commandant de la garde nationale les ordres du préfet, par le petit mot suivant :

« Le commandant de la garde nationale est prié, par le maire de la ville de Nevers, de fournir un détachement pour accompagner la légation ».

La garde nationale de Nevers était alors mal organisée et ne fonctionnait pas régulièrement.

Aussi, le commandant répondit sur le champ au maire par une lettre que nous reproduisons en entier, en respectant le *style* et *l'orthographe*. Ce document montrera au lecteur dans quel milieu peu lettré se recrutaient les commandants de la garde nationale, même au commencement de l'Empire :

A Nevers, ce 12 brumaire an 13.

Le commandant de la garde nationale au
maire de la ville de Nevers.

MONSIEUR,

Dapres vos ordre que je respecte beaucoup vous me demandez l'impossibilité il n'y a plus de chef de Bataillon tout est dezorganizé il mes impossible de pouvoir obéir à votre demande je ne suis on ne peut plus mortifié de ne pouvoir vous obéir dont j'ai toujours été flaté.

J'ai lhonneur de vous salué avec respec. PROVOST.

Le maire ne se laissa toucher ni par les raisons, ni par l'orthographe du commandant ; il lui retourna sa lettre avec cette phrase écrite de sa main :

« Répondu de suite au commandant de la garde nationale, d'une manière impérative, pour le charger de fournir sur sa responsabilité le détachement demandé ».

Le commandant Provost fut obligé d'obéir et de paraître à la tête de ses hommes, de ceux du moins qu'il put réunir à la hâte, car il a été écrit par la main du maire, sur la lettre du préfet, que « la garde nationale, les canonniers et les tambours ont été requis le 12, à trois heures après midi ». Mais bientôt, sans doute après un exercice en règle, une nouvelle lettre du préfet arriva, sur laquelle on lit que « les tambours de la garde nationale peuvent se retirer ».

La légation traversa le département de la Nièvre peut-être le lendemain ou le surlendemain en recevant, dans les différentes villes du Nivernais, et partout où elle passait, les honneurs prescrits. Elle parcourut ainsi une partie de la France, et rencontra le Saint-Père le 13 novembre à Turin. C'est du moins ce que nous apprend la lettre suivante de Pie VII, datée de cette ville :

TRÈS CHER FILS EN JÉSUS-CHRIST,

Nous avons reçu par les mains du cardinal Cambacérès à Turin où nous sommes arrivé hier soir à minuit, la lettre de Votre Majesté du premier novembre (1). Les obligeantes expressions de Votre Majesté, et l'attention qu'elle a eue d'envoyer trois personnages distingués pour nous féliciter sur notre voyage, nous font affronter avec plus d'empressement et de joie les fatigues de la route. Nous ne doutons pas que ces preuves décidées de notre attachement ne soient agréables à Votre Majesté, et profitables à la religion, base constitutive de la stabilité des trônes et de la félicité des nations. Fidèle à notre parole, nous hâtons le plus que nous pouvons notre voyage, pour satisfaire votre désir ; mais la fatigue et la longue et pénible marche d'hier, l'état affreux des chemins, le manque de chevaux tel qu'une partie de notre cortège n'est pas arrivée, nous contraignent à nous reposer un jour à Turin, de concert avec les cardinaux Fesch et Cambacérès, qui en ont reconnu

____

(1) Voir cette lettre page 11.

comme nous la nécessité *indéclinable*. Nous nous sentons stimulé dans ce voyage par le vif désir de connaître personnellement Votre Majesté, et de procurer à la religion et à l'Eglise des avantages qui forment, dans l'histoire des temps, une époque glorieuse pour Votre Majesté et pour nous. C'est dans ces sentiments que nous accordons à Votre Majesté, avec la plus grande effusion de notre cœur, la paternelle bénédiction apostolique.

Donné à Turin, le 13 novembre de l'an 1804, de notre pontificat le cinquième.

Pius PP. VII.

Cette lettre arriva vers le 20 novembre à Saint-Cloud, où se trouvait alors l'Empereur, car voici sa réponse :

Très Saint Père,

J'ai appris avec une vive joie, par la lettre de Votre Sainteté, datée de Turin, qu'elle était en bonne santé. Il me tarde d'apprendre de quelle manière elle a supporté le passage des montagnes. Je me flatte que dans cette semaine j'aurai le bonheur de la voir et de lui exprimer les sentiments que j'ai pour elle. Me rendant à mon palais de Fontainebleau qui est sur la route, je me trouverai, par cette circonstance, en jouir plus tôt.

Sur ce, je prie Dieu qu'il vous conserve, Très Saint Père, longues années au régime et gouvernement de notre mère sainte Eglise.

Votre dévot fils,

L'Empereur des Français,

Napoléon.

A Saint-Cloud, 20 novembre 1804.

Cependant, le Souverain Pontife passait les Alpes, hâtait son voyage et entrait à Lyon la veille du départ de cette lettre, c'est-à-dire le 19 novembre. Pie VII fut reçu magnifiquement dans cette ville par le cardinal Fesch, qui accompagnait le Saint-Père depuis Rome et était arrivé à Lyon, dans sa ville épiscopale, quelques heures avant le Pape (1).

---

(1) *Histoire universelle de l'Eglise catholique*, par Rohrbacher, t. XIV, L. XCI.

CHAPITRE III

De Lyon à Nevers (1)

Le Saint-Père eut le regret de laisser malade dans la ville de Lyon un des personnages de sa suite, le cardinal Stephano Borgia, qui mourut deux jours après, le 23 novembre. Le surlendemain de son arrivée, c'est-à-dire le mercredi 21 novembre, Pie VII quitta Lyon vers six heures du matin. Voici à ce sujet une relation contemporaine : « Le Pape est parti de Lyon le mercredi 30 brumaire, au milieu des acclamations qui l'avaient accueilli à son entrée dans les murs de cette grande cité. Il a vu toute la route bordée de cultivateurs qui accouraient en habits de fête et se prosternaient pour recevoir sa bénédiction. La foule des habitants des campagnes s'était surtout rassemblée sur le chemin de la montagne de Tarare, où la rapidité de la marche étant nécessairement ralentie, le peuple avait la satisfaction de voir plus longtemps le chef de l'Eglise. A Roanne, où Sa Sainteté coucha le mercredi, les notables de la ville, suivis de tout le peuple, se portèrent à la maison où le Saint-Père était logé, et furent admis à lui baiser les pieds (2) ».

Pendant ce temps, le préfet de la Nièvre s'occupait

---

(1) D'après l'*État général des postes et relais de l'Empire français*, pour l'année 1810, — Paris, imprimerie impériale, in-12, — il y avait vingt-huit postes un quart entre Lyon et Nevers. Voici les noms des relais en partant de Lyon : Lyon, Salvagny, Arnas, Tarare, Pain-Bouchain, Saint-Symphorien-de-Lay, Roanne, Saint-Germain-l'Espinasse, La Pacaudière, Saint-Martin-d'Estreaux, Droiturier, La Palisse, Saint-Gérand-le-Puy, Varennes, Bessay, Moulins, Villeneuve-sur-Allier, Saint-Imbert, Saint-Pierre-le-Moûtier, Magny, Nevers. On comptait vingt et une postes entre Nevers et Fontainebleau.

(2) « Sur les grands chemins de la vieille France : Comment nos pères allaient de Lyon à Paris », par O.-C. REURE, dans la *Revue de l'Université catholique*, p. 206. 15 octobre 1903.

activement de hâter tous les préparatifs pour la réception
du Pape. Voici ce qu'il écrivait le 16 brumaire au maire
de Nevers :.

Vous êtes instruit, Monsieur le Maire, que Sa Sainteté doit
bientôt passer dans ce département pour se rendre à Paris.

L'intention de sa Majesté impériale est que vous alliez
recevoir Sa Sainteté sur la limite de votre commune et que
vous soyez accompagné de vos adjoints, du Conseil Municipal
et d'un détachement de la Garde nationale.

Je vous recommande, Monsieur le Maire, la stricte exécution
de cette diposition.

Vous serez particulièrement informé du jour de l'arrivée de
Sa Sainteté.

J'ai l'honneur de vous saluer.

P.-A ADET.

On comprend que, pour un voyage si long que celui de
Rome à Paris, voyage fait en voiture avec un cortège
nombreux et des arrêts imprévus, il était difficile, pour
ne pas dire impossible, de fixer longtemps à l'avance une
date précise pour l'arrivée du Saint-Père à Nevers. Nous
savons qu'une première date avait été arrêtée au 7 frimaire,
puis le passage fut avancé de sept jours, c'est-à-dire au
30 brumaire, et enfin il eut lieu le 2 frimaire, comme
nous le verrons plus tard. Voici les lettres du préfet qui
avertissent le maire de Nevers de ces différents changements dans l'itinéraire du Pape :

A Mr le Maire de Nevers.

Je vous préviens, monsieur le Maire, que sa Sainteté passera
dans votre commune le 30 du présent mois, pour aller coucher
à Cosne le même jour.

Je vous recommande la stricte exécution des ordres que je
vous ai précédemment transmis sur les honneurs civils qui
doivent êtres rendus au Souverain Pontife dans les différents
lieux de son passage.

Cette lettre, datée du 24 brumaire, fut suivie d'une
autre le 25 :

Je vous adresse, monsieur le Maire, expédition d'un arrêté
que je viens de prendre pour assurer le service du relais de
votre ville, lors du prochain passage du Souverain Pontife.

L'importance des mesures prescrites par cet arrêté ne
permet pas que leur exécution puisse être suspendue sous
aucun motif, et je me repose à cet égard sur votre fermeté.

Vous vous concerterez préalablement avec le maître de poste, inspecteur du relais, qui vous fera connaître le nombre de postillons, chevaux et harnais qui devront être mis à sa disposition.

L'arrêté suivant du préfet accompagnait cette lettre :

Le Préfet du département de la Nièvre,

Considérant que le passage du Pape dans ce département qui avait été fixé le 7 frimaire prochain aura lieu le trente du présent,

Considérant aussi que le nombre de chevaux nécessaires pour ce passage est maintenant de 98 au lieu de 74 auquel il avait d'abord été fixé, ce qui fait une augmentation de 24 chevaux,

Considérant que si le mauvais état d'une partie des postes de ce département permettait à peine aux Inspecteurs des relais de fournir le premier contingent, ils sont à bien plus forte raison dans l'impossibilité de fournir les 24 chevaux d'excédent sans des moyens extraordinaires,

Considérant qu'il est d'autant plus urgent d'aviser à ces moyens que par l'effet des changements opérés dans la marche de sa Sainteté il est possible et même présumable que les relais des autres routes qui doivent compléter ceux de ce département, n'arriveront à leur destination respective ou qu'après le passage de la division, ou que quelques moments avant l'arrivée des voitures et des courriers, ce qui occasionnerait alors un retard qu'il est indispensable de prévenir,

Considérant que les ordres du gouvernement, ceux de la légation chargée de recevoir sa Sainteté aux frontières de l'Empire, et les instructions de son Eminence Monseigneur le Ministre plénipotentiaire de sa Majesté l'Empereur près la cour de Rome ne permettent pas de suivre dans cette circonstance extraordinaire toutes les formes administratives, attendu que leur lenteur serait un obstacle insurmontable pour la célérité de la marche de sa Sainteté,

Vu la lettre de Son Excellence le Ministre de l'Intérieur qui charge expressément l'autorité préfectorale de prendre toutes les mesures convenables pour que le voyage du Souverain Pontife ne puisse être retardé sous aucun prétexte,

Arrête ce qui suit :

ARTICLE PREMIER

Les maires des communes de Saint-Pierre, Nevers, La Charité et Cosne sont autorisés de requérir, non seulement dans leur commune respective, mais encore dans celles circonvoisines, tous les postillons, chevaux et harnais qui seront nécessaires pour compléter les relais, d'après les renseigne-gnements qui leur seront fournis à cet égard, par les maîtres de postes, inspecteurs desdits relais.

Art. 2

Le salaire des postillons et celui des propriétaires des chevaux et harnais ainsi requis sera acquitté sur les fonds spéciaux qui seront faits pour cet objet par l'administration des postes.

Art. 3

Tout postillon ou propriétaire de chevaux et harnais qui refusera d'obéir à la réquisition sera traduit devant les tribunaux compétents pour y être poursuivi et puni comme réfractaire aux ordres du gouvernement, et ayant entravé la marche du service public.

Art. 4

Les mesures prescrites par l'article premier seront applicables à la marche des deux divisions qui doivent précéder celle du Souverain Pontife.

Art. 5

Le commandant de la gendarmerie sera invité à seconder par tous les moyens qui seront en son pouvoir l'exécution des réquisitions lancées par les maires.

Art. 6.

Le préfet compte sur tout le zèle et sur toute la fermeté du sous-préfet de Cosne, du commandant de la gendarmerie et des maires de Saint-Pierre, Nevers, La Charité et Cosne pour assurer la stricte exécution des dispositions ci-dessus.

Art. 7.

Expédition du présent sera transmise à chacun de ces fonctionnaires ainsi qu'à leurs Excellences les ministres de l'intérieur et de la police générale.

Fait à l'hôtel de la préfecture les jour, mois et an susdits (1).

P.-A. ADET, *préfet.*

Théodore MARTIN, *secrétaire général.*

---

(1) Extrait des registres de la préfecture du 25 brumaire an 13.

Cet arrêté préfectoral, communiqué au sous-préfet de Cosne et aux maires des villes de la Nièvre se trouvant sur le passage du Pape, c'est-à-dire aux maires de Saint-Pierre-le-Moûtier, Nevers, La Charité, Cosne, fut exécuté ponctuellement comme nous le verrons bientôt.

Le maire de Nevers, au reçu de l'arrêté du préfet, écrivit aussitôt aux maires des communes circonvoisines : Saint-Eloi, Urzy et Pougues, pour leur transmettre les ordres prescrits.

Le 27 brumaire.

A M^{rs} les maires de Saint-Eloi et d'Urzy.

M. M. et collègues,

En vertu de l'arrêté de M. le préfet, en date du 25 de ce mois, je vous prie de vouloir bien me faire part, dans un jour, du nombre de chevaux de trait disponibles sur le champ dans les écuries et autres établissements dépendant de votre commune.

Au maire de Pougues,

« D'après l'arrêté de M. le préfet, je croyais avoir hier une conversation avec vous et je vous invite de sa part à vous rendre sur le champ, au reçu de cette lettre, à Nevers, et de m'apporter en même temps la note des chevaux soit de vos écuries, soit de celles du maître de poste, soit les chevaux des charretiers, pataches et voituriers que vous aurez requis en qualité de maire.

Vous sentez, monsieur, qu'il n'y a aucun retard à apporter, à vous rendre à mon invitation et à vous concerter avec M. le préfet et moi pour les attelages à disposer pour le passage du Saint-Père, l'absence de M. Dorcart vous mettant dans le cas de remplir ces fonctions dans cette opération ».

On peut croire que les maires des communes de Saint-Pierre, La Charité, Cosne ont suivi les instructions du préfet et se sont entendus avec les maires de leurs communes circonvoisines pour requérir les chevaux nécessaires au passage de Pie VII, mais leurs lettres ont disparu.

A mesure que le cortège papal s'approche de Nevers, le préfet communique aux maires et aux adjoints des renseignements de plus en plus précis. Ainsi, dans une lettre du 27 brumaire, il les « prévient que la première et la deuxième division du cortège de Sa Sainteté emploieront quarante-cinq chevaux, tant de selle que de trait, et que la troisième, où sera le Souverain Pontife, en emploiera quatre-vingt-dix-huit ».

Naturellement tant de voitures en marche exigeaient que la route fût libre et, d'un autre côté, le nombre des chevaux mis en réquisition rendait difficile le service des voitures publiques, surtout à une époque où les chevaux étaient encore rares. Aussi, « le 28 brumaire, le préfet autorise messieurs les maire et adjoints de la ville de Nevers à arrêter le service des voitures publiques, telles que diligences, cabriolets, véloficères *(sic)* (1), etc., et à requérir les chevaux qui y sont employés jusqu'après le passage de Sa Sainteté ».

Ainsi furent arrêtées, du moins les 28 et 29 brumaire (19 et 20 novembre), les deux diligences qui passaient chaque jour à Nevers : l'une venant de Paris pour aller à Lyon, l'autre allant de Lyon à Paris. Le service postal fut rétabli le 30 brumaire (21 novembre) pour être de nouveau supprimé le 2 frimaire (23 novembre), jour du passage de Pie VII. On avait placé à la tête du pont de Loire, près de l'hôtel Saint-Louis actuel, quelques gendarmes pour arrêter toute voiture devant traverser le pont et se diriger sur Lyon.

Les 28 et 29 brumaire passèrent à Nevers la première et la deuxième division du cortège qui précédaient le Saint-Père le Pape.

Le 30 fut un jour de repos et, comme il n'y avait pas de passage ce jour-là, le service des diligences fut repris. Nous en avons pour preuve la lettre suivante du préfet :

A Mr Dampierre, 1er adjoint au maire de Nevers.

Je suis convenu, monsieur, avec Son Eminence le cardinal Cambacérès, d'accorder au service ordinaire des Diligences et Messageries toutes les facilités compatibles avec les mesures prises pour le passage du Souverain Pontife. Le porteur de la présente étant chargé de conduire à Magny une voiture publique et six chevaux qui ne sont point nécessaires pour le passage dont il s'agit, je vous invite à lever l'obstacle qu'il a rencontré à l'entrée du pont de Loire.

J'ai l'honneur de vous saluer.   P.-A. ADET.

P.-S. — L'inspecteur du relais (2) m'a dit ce matin qu'il était

---

(1) Pour vélocifères, espèce de vélocipèdes appelés auparavant célérifères. Le pied touchait terre à chaque enjambée, portait souvent à faux, et maintes foulures en résultaient. Voir : *Vélocipédie et automobilisme*, p. 18, par Frédéric RÉGAMEY. Tours, Alfred Mame, 1898.

(2) C'était alors M. Bussière.

possible de laisser passer aujourd'hui la diligence de Lyon. Je n'y vois point d'inconvénient, puisque nous n'avons pas de passage aujourd'hui et que les chevaux doivent revenir ce soir.

Le 1er frimaire (jeudi 22 novembre), Pie VII partit de Roanne où il avait couché et le cortège papal continua sa route du côté de Moulins-sur-Allier. Le Saint-Père passa la nuit dans cette ville et dès le lendemain matin, 23 novembre, les équipages pontificaux se dirigèrent sur Saint-Pierre-le-Moûtier et Nevers.

Ce même jour, de très bonne heure, le préfet, M. Adet, se rendit à la limite de son département, c'est-à-dire à Saint-Imbert, pour y recevoir le Souverain Pontife.

Non seulement nous ignorons l'heure de l'arrivée de Pie VII à Saint-Pierre-le-Moûtier, mais encore nous n'avons aucun renseignement touchant son passage dans cette ville. Nous n'avons rien trouvé dans les délibérations municipales de Saint-Pierre (1).

Les ordres émanés du préfet ont sans doute été exécutés directement par le maire qui n'a pas cru nécessaire de convoquer son conseil, ni de consigner le passage du Pape dans le registre des délibérations municipales. Nous verrons plus loin que le cortège arriva à Nevers vers midi, il pouvait donc être neuf heures ou dix heures au plus quand Pie VII traversa Saint-Pierre-le-Moûtier, distant de Nevers d'environ 25 kilomètres.

Quoi qu'il en soit, il est certain que le Saint-Père fut

---

(1) Il y a deux délibérations dans le premier registre : l'une page 74, *Relative au couronnement de Sa Majesté l'Empereur* ; l'autre, page 89, *Relative à la fête pour le sacre de Sa Majesté le roi d'Italie.*
Les seules allusions qui ont trait au passage du Pape ont été trouvées dans un registre de dépense. On y lit qu'il a été « délivré un mandement (c'est-à-dire un mandat) de 3 fr. au sieur Mauny pour avoir battu de la caisse le jour du passage de Son Éminence le cardinal Cambacérès. De même, un autre *mandement* de 8 fr. a été délivré au citoyen Granger pour avoir porté des dépêches à Nevers pour le passage de Sa Sainteté ». Nous faisons remarquer en passant que les archives de la ville sont dans un désordre lamentable. Nous avons trouvé, après une recherche de deux heures, au milieu de papiers de toutes sortes, les deux premiers registres des délibérations municipales dont on ignorait l'existence. Le secrétaire actuel, qui paraît actif et intelligent, ne demanderait pas mieux que de mettre un peu d'ordre dans les archives, mais c'est une rude besogne et qui mériterait une subvention pécuniaire. On nous a dit aussi qu'un maire, au commencement du siècle dernier, avait vendu, au poids du papier, tous les parchemins de l'ancien baillage de Saint-Pierre-le-Moûtier, qui était un des quatre premiers de France. Quel dommage pour l'histoire du pays !

reçu dans cette ville avec tous les honneurs qu'on lui rendait dans les autres villes de l'Empire qu'il traversait. Les autorités locales sont donc allées présenter leurs hommages au Souverain Pontife, d'autant plus que le relais préparé dans cette ville obligeait le cortège à s'arrêter quelques minutes. On peut aussi affirmer, malgré le manque de documents, que M. l'abbé Thomas, alors curé de Saint-Pierre, se rendit en procession avec tous ses paroissiens, au devant de Pie VII, sur la route de Moulins, pour le complimenter et recevoir sa bénédiction.

CHAPITRE IV

De Nevers à La Charité-sur-Loire

Pendant ce temps, l'animation et la curiosité étaient grandes à Nevers. Dès le matin du 2 frimaire (vendredi 23 novembre) une foule nombreuse remplissait les rues de la ville et les curieux augmentaient d'heure en heure. Beaucoup de fidèles étaient accourus des communes voisines pour voir défiler le cortège et recevoir la bénédiction du Saint-Père. La 13ᵉ légion de gendarmerie nationale était mobilisée, avec mission de répondre du bon ordre et de veiller à rendre libres les rues par où le cortège pontifical devait passer. C'est ce que nous apprend la lettre suivante, datée de la veille du passage du Pape :

A Nevers le 1ᵉʳ frimaire an 13 de la République française une et indivisible.

Le Capitaine commandant de la compagnie de gendarmerie nationale du département de la Nièvre à MM. les Maire et Adjoints de la ville de Nevers.

MM.

La gendarmerie devant se trouver partout pour maintenir le bon ordre, j'enverrai la gendarmerie à pied à la Porte de Paris à l'heure que vous m'indiquerez, et comme je serai à la tête de la cavalerie de mon armée au delà du pont, aussitôt que j'aurai salué du sabre Sa Sainteté, je ferai précéder le cortège par plusieurs gendarmes à cheval qui feront éloigner tous les embarras qui pourraient se trouver sur le passage dans les rues que les voitures parcourreront dans la ville jusqu'à la Porte de Paris et là ma troupe veillera de manière qu'il n'y ait point de désordre.

J'ai l'honneur de vous saluer, Messieurs, avec considération,

DESCRIMES-GIRIEZ.

Bientôt on apprit que le Souverain Pontife approchait. « Un canon placé à Plagny, donna le signal de son arrivée et aussitôt les canons qui étaient sur la levée de Médine, l'annoncèrent par une salve (1) ».

Tous les corps constitués s'étaient portés sur la route de Lyon à la rencontre de Sa Sainteté. « Le maire, M. Dard-Despinay (2) ; le commandant de la place, M. Verger ; la force armée, la garde bourgeoise étaient en avant du pont de Loire. Le Pape arriva à près de midi (3). Il donna sa bénédiction au peuple qui y était en foule ; il fut complimenté par M. le maire, M. le commandant, M. Fion, curé de Saint-Cyr (4) et autres. Il leur répondit avec une bonté paternelle et un air gracieux, leur donna

---

(1) *L'Annuaire du département de la Nièvre*, par GILLET, an 1806, résume en une vingtaine de lignes le passage de Pie VII à Nevers. C'est le seul document écrit que nous ayons trouvé sur ce point d'histoire locale. Nous en devons la connaissance à M. l'abbé Billebault, vicaire capitulaire de Nevers. Nous faisons remarquer qu'une double erreur de date s'est glissée dans la rédaction de l'article de *l'Annuaire*. Ce n'est pas le 2 brumaire, mais le 2 frimaire, que le Pape est passé à Nevers, et c'est le 29 brumaire et non « le 29 vendémiaire qu'on eut la certitude que Pie VII partirait de Moulins le 2 frimaire ». Ces confusions prouvent que les lettrés ne s'étaient pas plus habitués que le peuple au calendrier républicain.

(2) Le maire Dard-Despinay avait pour adjoints : Dampierre, que nous trouverons plus loin, et Mathieu Petit père.

(3) Il est probable que Pie VII fit une collation à Nevers, étant donnée l'heure de son arrivée dans cette ville.

(4) En vertu du décret-bulle *Cum sanctissimus* rendu le 9 avril 1802 par le cardinal légat Caprara, comme conséquence de la ratification du Concordat, le département de la Nièvre, sous le rapport de l'administration spirituelle, dépendait du diocèse d'Autun, qui comprenait aussi le département de Saône-et-Loire, avec, comme métropolitain, l'archevêque de Besançon. (Ch. BOELL, *Pie VII à Autun, au retour du sacre*, p. 2). Le Concordat du 21 juin 1817, qui rétablissait trente anciens évêchés supprimés par la Révolution, comprenait le diocèse de Nevers au nombre des nouveaux sièges, mais des difficultés survinrent qui s'opposèrent à l'exécution immédiate de ce Concordat et le siège épiscopal de Nevers ne fut rétabli que par la bulle *Paternae caritatis* reçue et publiée par ordonnance royale du 31 octobre 1822. Ainsi, le siège de Nevers est aussi concordataire que les autres sièges épiscopaux, attendu qu'il a été rétabli par une entente préalable des deux autorités religieuse et civile.

Voici, d'après *l'Annuaire* de Gillet, une partie du clergé de Nevers en 1804 : Philib.-Claude Groult, chanoine d'Autun, ancien administrateur apostolique du diocèse, *sede vacante*, après la mort de Mgr Moreau, évêque de Nevers, vicaire général résidant à Nevers pour l'administration de la partie du diocèse d'Autun située dans le département de la Nièvre.

Vincent Fion, curé de Saint-Cyr ; MM. Dutartre, Imbert, Sionnest, Dujardin, vicaires.

1re succursale, Saint-Etienne : Claude-Jacques Syrot, desservant ; Roch-François-Guillaume Martin, vicaire.

2e succursale, Saint-Pierre (Saint-Père) : Sébastien Crétin, desservant ; J.-Fr. Crétin, vicaire.

MM. Lioult et Poulet, desservants de l'Hospice de Nevers.

sa bénédiction et son anneau à baiser. Il continua sa route au pas, suivi du cortège (1) ».

Les équipages pontificaux, accompagnés des voitures des cinq cardinaux que nous avons nommés plus haut, entourés de tous les prélats et dignitaires ecclésiastiques, des fonctionnaires civils et militaires que nous avons déjà fait connaître, traversent alors les ponts de Loire. La garde d'honneur met sabre au poing, les trompettes retentissent, les tambours de la garde nationale battent au champ et les cloches des trois églises sonnent à grande volée.

Il y avait si peu de temps que les cloches en France, et à Nevers en particulier, avaient retrouvé leur son harmonieux ! Si longtemps elles s'étaient tues que les fidèles entendaient avec un plaisir nouveau leur joyeux carillon. Prosternés dans les rues de la ville, les habitants se rappelaient que quinze clochers avant la Révolution dressaient leurs pointes aiguës vers le ciel et lançaient à tous les échos les notes argentines de leurs cloches nombreuses. Ces cloches ne sonnaient pas seulement pour eux le travail du matin, la halte de midi et, sur le soir, le retour las au logis, c'était de plus, la voix sacrée qui les convoquait à l'heure de la prière, qui parlait à leur cœur et leur annonçait les fêtes et le repos dominical. C'étaient elles encore qui faisaient entendre leur glas plaintif et funèbre quand ces pieux fidèles conduisaient au cimetière leurs parents défunts. Ils se souvenaient qu'à leur harmonieux carillon les processions, il y a quelques années, déroulaient leurs longues théories dans les rues de Nevers, et que le Saint Sacrement trônait sur les places de la ville au milieu d'une foule recueillie et chantant les saints cantiques. Ces mêmes cloches, aujourd'hui moins nombreuses il est vrai, retrouvaient leurs accents d'autrefois et annonçaient un événement presque inouï jusque là : un pape qui traversait en triomphe la ville étonnée.

Cependant les voitures avançaient lentement par les rues magnifiquement décorées. Pie VII et sa suite furent conduits par les députations entre une double haie de gardes nationaux. Le cortège était précédé par la brigade de gendarmes à cheval que commandait le capitaine Descrimes-Giriez, escorté par la garde d'honneur, composée des hommes et des jeunes gens les plus riches et les plus honorables de la ville et des environs. Après avoir traversé les ponts, les équipages pontificaux

---

(1) *Annuaire du département de la Nièvre*, par GILLET, an 1806

descendent au pas la place Mossé actuelle, montent la rue Saint-Genest, la rue de la Tartre, longent la place de la Halle, traversent la rue Saint-Martin, la place de la Pompe, actuellement place Saint-Sébastien, suivent la rue des Marchands, aujourd'hui rue du Commerce. Sur tout le parcours, les rues étaient magnifiquement pavoisées, les fenêtres des maisons étaient occupées par des fidèles ou des curieux qui avaient payé bien cher le plaisir de voir défiler le cortège papal.

Une foule nombreuse et recueillie était massée le long des rues, dans les carrefours, ou sur les places que traversait Sa Sainteté. Les mères tenaient dans leurs bras leurs petits enfants et les présentaient au Pape qui souriait gracieusement et bénissait les fidèles prosternés sur son passage. Bientôt le Saint-Père, après avoir parcouru la ville, franchit la porte de Paris et arriva enfin en face de l'Hôpital.

Les équipages s'arrêtèrent de nouveau et le Souverain Pontife « fut complimenté par les conseillers de préfecture (1) et par la sœur supérieure de la Congrégation de la Charité chrétienne, accompagnée de toutes les congréganistes qui se trouvaient à Nevers et baisèrent l'anneau (2) ».

Voici d'ailleurs cette scène touchante, telle qu'elle est rapportée dans les archives manuscrites de l'Institut des sœurs de la Charité et de l'Instruction chrétienne de Nevers (3) :

« Le 23 novembre 1804, Notre Saint-Père le Pape Pie VII traversa Nevers en se rendant à Paris pour le sacre de l'Empereur. La digne Mère Anastasie de Montméja, alors supérieure générale de la congrégation, se rendit avec toute sa communauté et le noviciat sur la route de Paris, où devait passer le Saint-Père. Elle fit ranger sur une estrade disposée à cet effet, en face de l'hospice général, les professes et les novices, avec les pensionnaires élevées à cette époque à la maison-mère, mais dans un local séparé. Devant l'hospice général furent

---

(1) Nous avons dit que le préfet, M. Adet, était allé recevoir Sa Sainteté jusqu'à la limite de son département, c'est-à-dire à Saint-Imbert. Le conseil de préfecture comprenait alors : MM. Piron, Bonvallet, Descolons l'aîné, Bert de Pougues et Desnoyers. Le secrétaire général était Th. Martin.

(2) *Annuaire du département de la Nièvre*, par GILLET, an 1806.

(3) Ces extraits inédits nous ont été communiqués par la sœur Eléonore Cassagnes, ancienne secrétaire de la communauté. Nous sommes heureux de profiter de cette occasion pour la remercier de son extrême obligeance.

rangés également en ligne les pauvres, les petits garçons et les petites filles de cet établissement. La voiture de Notre Saint-Père s'arrêta juste à cet endroit (1) ; Pie VII, s'étant penché à la portière, demanda quelle était cette communauté. L'aumônier des sœurs s'avança respectueusement, et répondit à Sa Sainteté que c'était celle des sœurs hospitalières dont la maison-mère est à Nevers. Notre Saint-Père lui dit de les faire approcher. La digne Mère Anastasie s'avança la première, et, comme elle était fort âgée (quatre-vingts ans) et de fort petite taille, le Souverain Pontife fit baisser le marchepied de la voiture, et avec beaucoup de bienveillance, il invita la bonne Mère à monter dessus. Elle le fit avec respect et bonheur. D'une voix profondément émue, elle adressa un compliment court, mais bien senti à l'auguste Pontife, et le termina par ces mots : « Je peux, maintenant, dire avec » Siméon : Laissez, Seigneur, votre servante mourir en » paix, puisque mes yeux ont vu votre Vicaire, et que sa » bénédiction est descendue sur moi et sur la famille que » vous m'avez confiée ».

» Pie VII fut extrêmement touché des témoignages de respect, de vénération et de piété filiale qu'il reçut des sœurs, de leurs élèves, de leurs pauvres, surtout de la digne Mère de Montméja, qu'il bénit d'abord, puis toutes les sœurs, ainsi que leurs élèves et leurs pauvres.

» Ensuite, Sa Sainteté fit de nouveau approcher la bonne Mère et toutes les sœurs, et leur donna son anneau à baiser avec une affabilité toute paternelle, invitant Elle-même les sœurs de petite taille à monter sur le marchepied de la voiture (2) ».

---

(1) Le relais de la poste se trouvait alors en face de l'hôpital, et c'est là que furent changés les chevaux du cortège papal.

(2) Dès son arrivée à Paris, le Saint-Père remit à Mgr de Fontanges, évêque d'Autun, et alors supérieur de la congrégation, un beau reliquaire en argent, renfermant une précieuse parcelle de la vraie croix, et chargea Sa Grandeur de la remettre à la Mère de Montméja. Cette insigne relique est la grande richesse de la communauté. Elle est exposée et vénérée dans l'église de la maison-mère tous les jours de fête de la sainte Croix.

Voici la lettre que Mgr de Fontanges écrivit à la Mère de Montméja en lui envoyant ce témoignage de la bienveillance de Pie VII :

« Paris, 20 janvier 1805.

» Notre Saint-Père le Pape, Madame la Supérieure, voulant vous » donner une marque particulière de sa protection et de son estime » pour le saint état que vous avez embrassé, ainsi que de son affection » paternelle pour vous et pour votre Congrégation, m'a chargé de

Puis le Saint-Père et sa suite se remirent en marche (1).
Pie VII avait promis à Napoléon de hâter son voyage, il
ne s'arrêtait pas. Le clergé et les corps constitués
accompagnèrent le Souverain Pontife à quelque distance
de la ville. La garde d'honneur à cheval alla un peu plus
loin.

Cependant toutes les voitures du cortège papal n'avaient
pas encore traversé Nevers. Le manque de chevaux aux
relais ou toute autre cause imprévue avait empêché
quelques personnages de la suite du Saint-Père d'arriver
à l'heure fixée. Nous verrons d'ailleurs à Cosne Pie VII
écrire à Napoléon de sa propre main parce que ses
secrétaires ne l'ont pas encore rejoint.

Ce retard nous est confirmé par la lettre suivante du
préfet qui attendait le passage du vice-président de la
République cisalpine (2) pour se joindre de nouveau au
cortège :

Nevers, le 2 frimaire, an 13 de la République.

Le Préfet du département de la Nièvre
à MM. les Maire et Adjoints de la ville de Nevers.

L'ordre de la marche de Sa Sainteté ayant été interrompu,
toutes les voitures de sa suite ne sont point encore passées ;
les besoins du service exigent, en conséquence, que les
réquisitions que vous avez faites soient maintenues jusqu'après
le passage du vice-président de la République cisalpine. Je

» vous remettre de sa part un reliquaire contenant de la vraie Croix.
» Je vous l'envoie avec le regret de ne pouvoir vous le porter moi-
» même et être témoin de vos sentiments de reconnaissance pour le
» gage précieux de la bonté de Sa Sainteté. Elle m'a ordonné de
» vous dire qu'Elle se recommande particulièrement à vos prières.
» Recevez, Madame la Supérieure, la nouvelle assurance de mon
» sincère attachement.

» *Signé :* † Fr., Arch.-Evêque d'Autun ».

(1) Bien des personnes croient que le privilège qu'ont les chanoines de Nevers de porter la soutane rouge les jours de fête depuis
Pâques jusqu'à la Toussaint date du passage de Pie VII dans la
Nièvre. Ce privilège est bien plus ancien. Voici la note qui se
trouve à ce sujet dans les *Recherches historiques sur Nevers* par
Louis DE SAINTEMARIE, page 477 : « Autrefois, les chanoines de
Nevers avaient le droit de porter la soutane rouge pendant le
temps pascal ; j'ignore pourquoi cet usage a été interrompu
pendant près de deux siècles, mais ils le reprirent le jour de
Pâques 1743, d'après la permission écrite de l'archevêque de Sens ».
Histoire manuscrite des évêques.

(2) Le comte François Melzi (de Milan), ci-devant ministre plénipotentiaire de la République cisalpine au congrès de Rastadt, était
vice-président de la République italienne depuis 1802.

vous invite à faire partir, autant que se pourra, les voitures publiques, sans nuire au service extraordinaire. Je ne puis que m'en rapporter à votre sagesse qui, jusqu'à ce moment, a su, d'une manière vraiment digne d'éloge, concilier l'intérêt public et l'intérêt des particuliers.

J'ai l'honneur de vous saluer,

P.-A. ADET.

« Malgré le concours immense des habitants de la ville et des environs qui étaient accourus, il y eut beaucoup d'ordre et pas un accident. Chacun parut satisfait et pénétré de vénération et de respect (1) ».

Le cortège se dirigea ensuite sur Pougues-les-Eaux. La tradition rapporte qu'en passant devant Varennes-les-Nevers, le Saint-Père le Pape s'écria, en entendant la cloche de cette paroisse sonner à toute volée pour le saluer à son passage : « Oh ! le beau son ! quelle cloche harmonieuse ! » Bientôt on arriva aux pieds de la montagne de Pougues. Le Souverain Pontife arrêta à mi-côte sa berline pour faire un peu de chemin à pied, et, à l'entrée du bois de Chassenay, qui couvrait alors une partie de la colline, le cortège papal rencontra les paroissiens de Pougues-les-Eaux, conduits en procession par leur curé, M. l'abbé Clément. Aussitôt, les pieux fidèles se prosternent à terre, le cortège s'arrête, et M. le curé fait en latin un compliment au Saint-Père, qui lui répond quelques mots aimables et donne, dans un des sites les plus ravissants de la Nièvre, sa bénédiction à la foule recueillie.

Les équipages pontificaux se remettent en marche. Mais à cet endroit la montée est rapide, et le convoi avançait lentement ; d'ailleurs, le Saint-Père le Pape n'était pas encore remonté dans son carrosse ; les pieux fidèles de Pougues purent ainsi suivre pendant plusieurs centaines de mètres le cortège papal, et voir de très près le Souverain Pontife. On raconte qu'un des habitants, pour contempler Pie VII de plus près, demanda, comme faveur à son curé, de porter la queue de sa soutane (2). Arrivé au sommet de la montagne, le Pape remonta dans sa voiture.

---

(1) *Annuaire du département de la Nièvre*, an 1806, par GILLET.
(2) On sait qu'à cette époque les prêtres portaient une soutane à longue queue. La tradition a conservé le nom de ce pieux fidèle : Claude-Joseph Chanet, qui habitait Priez, village de Pougues-les-Eaux, et cacha plusieurs prêtres de Nevers pendant la Révolution. Il mourut en 1819. Mais Dieu bénit sa famille, car un de ses petits-fils devint prêtre. C'est M. l'abbé Morel, actuellement retiré du saint ministère, à Nevers, et de qui nous tenons tous ces détails.

Le cortège descendit rapidement la côte et traversa la ville de Pougues, où quelques vieillards seuls, qui n'avaient pu suivre la procession, étaient à genoux sur le bord de la route pour recevoir la bénédiction papale.

Bientôt, Pie VII arriva à Barbeloup, en face Tronsanges, sans se douter que huit ans plus tard il repasserait seul, captif et malade, dans ce même lieu, et qu'il s'y reposerait quelques instants.

Puis les équipages pontificaux traversèrent La Marche. Nous ne savons rien sur le passage du Pape dans cette commune, mais il est bien probable que les fidèles étaient rangés sur le bord de la route, et qu'ils reçurent la bénédiction apostolique.

C'est entre Nevers et Cosne que parvint au Saint-Père la lettre de l'Empereur, datée de Saint-Cloud, le 20 novembre, et que nous avons rapportée à la page 14.

CHAPITRE V

De La Charité à Cosne

Depuis quelques jours, les préparatifs pour le passage du Pape étaient menés avec ardeur à La Charité-sur-Loire. Le sous-préfet de Cosne avait transmis au maire de La Charité les ordres du préfet de la Nièvre, le conseil municipal s'était réuni, et l'avis suivant avait été annoncé au son de caisse et affiché dans la ville :

Le Saint-Père, qui se rend à Paris pour sacrer l'Empereur Napoléon, traversera la ville de La Charité jeudi prochain, 1er frimaire (1), et les divisions de sa suite qui le précèdent commenceront à passer aujourd'hui mardi et demain mercredi.

Le Maire de la ville de La Charité, en s'empressant de prévenir ses concitoyens du passage du Souverain Pontife dans cette ville, déclare en même temps que tous les habitants de cette cité aient dès aujourd'hui à balayer devant leur maison et ce, pendant trois jours.

En outre, la rue des Hôtelleries, la Grand Rue et celle de la Porte de Paris seront totalement dégagées de tout dépôt et pendant les trois jours ci-indiqués aucune voiture de quelque espèce qu'elle soit ne pourra rester dans les dites rues.

Les contrevenants au présent ordre, qui tient à la décence et à la sûreté publique dans une circonstance aussi importante, seront cités à la police et punis sévèrement, entendant de plus que le sieur Moynault appariteur de police est autorisé à prendre toutes les mesures convenables pour l'exécution du présent arrêté, et tous les frais auxquels la négligence ou la mauvaise volonté donneront lieu seront supportés par les parties constatées en délit.

La Charité 29 brumaire an treize (2).

GRASSET.

---

(1) Nous avons vu que l'itinéraire fut retardé, et que Pie VII passa le vendredi 2 frimaire, comme le maire, d'ailleurs, l'annonce plus loin.

(2) Registre des délibérations de la municipalité de la ville de La Charité-sur-Loire, 1800 à 1812. Passage de Sa Sainteté.

Les autorités avaient été convoquées pour le 1er frimaire, mais ce jour-là, de bonne heure, le maire fit publier l'avis suivant :

Le Maire de la ville de La Charité s'empresse de prévenir ses concitoyens et toutes les personnes convoquées pour se rendre aujourd'hui à l'hôtel de la Mairie que le Souverain Pontife ne traversera cette ville que demain dans la journée.

Il compte toujours dans une circonstance aussi importante et aussi rare sur le zèle et le dévouement des habitants de cette cité *à qui tout espèce de travail est interdit dans le jour ci-dessus désigné* (1).

La Charité le 1er frimaire an treize.

GRASSET, maire

Le cortège, que nous avons laissé à La Marche, avançait rapidement, et se trouva bientôt sur les limites de la commune de La Charité où devaient le recevoir le maire avec son conseil et les autres autorités de la ville.

Le compte rendu de la réception se trouve dans le registre des délibérations que nous copions textuellement :

Le maire de la ville de La Charité, sur l'avis que Sa Sainteté se rendant à Paris pour sacrer l'Empereur des Français traversant la ville de La Charité le 2 frimaire an 13, désirant faire preuve des sentiments qui animent tous les Français dans une circonstance aussi importante et accomplir la volonté impériale manifestée en la lettre de Mr le sous-préfet de Cosne, en date du 12 brumaire dernier, s'est empressé de réunir à l'Hôtel de la Mairie MM. les adjoints, les membres composant le conseil et tous les fonctionnaires civils et judiciaires à la résidence de cette ville pour se rendre aux limites de cette commune et y recevoir le Saint-Père avec tous les honneurs dûs à son titre et à son caractère.

D'après cette disposition, le cortège précédé d'un détachement de la Garde nationale, tambours battants et drapeaux déployés, est sorti de la ville à trois heures du soir et s'est arrêté au-delà de la porte dite de Lyon, où s'était portée une foule immense d'habitants et d'étrangers de tout âge et de tout sexe pour y jouir de la vue du Souverain Pontife.

A quatre heures, une salve d'artillerie ayant annoncé l'arrivée du St-Père, le Maire s'est approché de sa voiture et l'a complimenté aux cris de : « Vive l'Empereur des Français ! »

Le cortège a accompagné ensuite Sa Sainteté jusqu'à la porte dite de Paris, où le Maire a pris congé d'elle en formant au nom de ses concitoyens les vœux les plus ardents pour sa conservation.

(1) Registre des délibérations de la municipalité de la ville de La Charité-sur-Loire, 1800 à 1812. Passage de Sa Sainteté.

Une salve d'artillerie a prévenu alors du départ du chef de l'Eglise.

Le présent procès-verbal a été rédigé le même jour à l'Hôtel de la Mairie en présence de toutes les autorités appelées à composer le cortège.

GRASSET, maire (1).

On ne dit rien du clergé dans ce compte rendu, mais il est bien certain que M. Lallemand, alors curé de La Charité, alla complimenter le Souverain Pontife et recevoir sa bénédiction.

De La Charité le Saint-Père et sa suite se dirigèrent vers Pouilly-sur-Loire. Il n'y a aucune trace du passage de Pie VII dans les archives municipales de cette ville, mais le registre paroissial rapporte ce fait historique dans la note suivante : « Parmi les événements de l'administration de M. Morot (2) le plus remarquable est sans contredit le passage du pape Pie VII en novembre 1804. M. Morot, en habit de chœur, avec tous les prêtres du voisinage, M. Guillerault, curé d'Arquian, la croix, les chantres, l'administration civile et suivis de toute la population allèrent au devant de Sa Sainteté sur la route de Charenton. On s'arrêta à quelques pas au-delà des dernières maisons du faubourg. M. Morot harangua en latin et le Saint-Père répondit en latin. M. le maire, qui était M. Hecquard des Nues, et plusieurs autres haranguèrent en français et le Saint-Père répondit en français.

» La voiture, en traversant la ville de Pouilly, allait au pas, et Pie VII, montrant tour à tour à chaque portière ce beau visage riant que rehaussaient encore tant de vertus, distribuait ses bénédictions paternelles à la foule prosternée et attendrie ; heureuse génération qui a eu le privilège unique de contempler le seul pape qui soit jamais venu et qui probablement viendra jamais à Pouilly (3) ».

La procession des fidèles de Pouilly accompagna le Saint-Père à travers la ville. Quand « M. Hecquard des Nues, le maire, qui habitait dans la grand'rue, fut arrivé en face de sa maison, il se mit à genoux sur le seuil de sa porte, joignit les mains » et attendit ainsi le Souverain

---

(1) Registre des délibérations de la municipalité de la ville de La Charité-sur-Loire, 1800 à 1812. Réception du Souverain Pontife.

(2) M. l'abbé Morot fut d'abord vicaire de Pouilly en 1788, puis curé après la Révolution jusqu'en 1844, année de sa mort.

(3) Extrait du registre paroissial de Pouilly-sur-Loire, tome I.

Pontife pour recevoir une nouvelle bénédiction pour sa maison et toute sa famille. Bientôt Pie VII passa devant la porte du maire et le bénit ainsi que sa famille. Alors, M. Hecquard des Nues de s'écrier en se relevant : « Quel bonheur pour moi de contempler le vicaire de Jésus-Christ et de recevoir sa bénédiction sur la porte même de ma maison (1) ». Une autre personne de Pouilly, Mme Dalligny, disait à M. l'abbé Cointe, curé-doyen de cette ville : « Je m'attendais à voir un homme orgueilleux de la grandeur de sa dignité et c'était un vieillard plein d'une humble douceur et souriant à tout le monde (2) ».

Après avoir traversé la ville de Pouilly au milieu des fidèles prosternés sur le seuil de leurs maisons, Pie VII et son cortège se dirigèrent vers Cosne.

Il y avait déjà plus de huit jours que de grands préparatifs pour la réception du Pape avaient été commencés dans cette ville.

Cosne allait être plus favorisé que Nevers. Le Souverain Pontife devait y passer la nuit avec toute sa suite. Déjà Mgr de Fontanges était arrivé d'Autun à Cosne pour recevoir Sa Sainteté, puisque le département de la Nièvre, comme nous l'avons dit, faisait alors partie du diocèse d'Autun (3).

---

(1) Extrait du registre paroissial de Pouilly-sur-Loire, tome II.
(2) *Ibid.*
(3) Voici sur cet évêque, qui fut en même temps évêque de la Nièvre pendant trois ans, une petite notice que nous empruntons à M. Ch. Boell, *Pie VII à Autun, au retour du sacre* : « François de Fontanges, né dans le diocèse de Clermont le 8 mars 1744, sacré évêque de Nancy le 17 août 1783, ensuite archevêque de Bourges, puis de Toulouse, député aux Etats généraux de 1789, s'était retiré en Angleterre, puis en Espagne, pendant la Révolution. Ayant remis au Souverain Pontife la démission imposée par le Concordat aux évêques de France, il fut nommé à l'évêché d'Autun par arrêté du Premier Consul en date du 3 octobre 1802, et prit possession de son siège le 31 mars suivant. Atteint du typhus en soignant les prisonniers de guerre autrichiens, il fut enlevé à son diocèse le 26 janvier 1806 ».

CHAPITRE VI

Réception et séjour de Pie VII à Cosne

Le sous-préfet de Cosne, M. Couroux-Desprez, avait communiqué, dès le 25 brumaire, aux maires des villes de La Charité, Pouilly et Cosne où devait passer le cortège, les ordres du préfet de Nevers (1), et aussitôt le maire de Cosne prit l'arrêté suivant :

Le Maire de la ville de Cosne considérant que M. le sous-préfet, par sa lettre, lui prescrit de faire tout ce que la localité lui permettra de faire pour rendre à Sa Sainteté les honneurs qui lui sont dûs et lui prouver tout l'attachement du gouvernement français,

Arrête :

ARTICLE PREMIER

Les adjoints, le conseil municipal de la ville de Cosne seront invités à se rendre à trois heures précises dans la salle des séances le mercredi 30 du présent pour aller recevoir le Souverain Pontife sur les limites de la commune et le conduire à l'hôtel qui lui est préparé ; le lendemain, 1er frimaire, le conseil et les adjoints se rendront au même lieu à sept heures du matin pour aller accompagner Sa Sainteté de son hôtel sur les confins de ladite commune, du côté de Paris.

ART. 2

Le commandant de la Garde nationale sera requis de commander cent fusiliers d'élite, en bonne tenue, choisis dans toutes les compagnies, pour se trouver avec le drapeau, les officiers, sous-officiers et tous les tambours, ledit jour, 30 bru-

---

(1) Cette lettre du préfet que nous avons rapportée ci-dessus a été conservée aux archives de Cosne. (Carton n° 108. Fêtes publiques, 1790-1881. 1res séances : fêtes et cérémonies, 1790-1860). Passage du pape, an XIII.

maire, à trois heures devant l'hôtel de ville, et y attendre les ordres du Maire ; sous quelques prétextes que ce soit personne ne pourra quitter le poste et céux qui désobéiront au commandant seront sévèrement punis.

Les hommes qui ont coutume de servir les canons seront également commandés, les canons de la ville seront placés ledit jour 30 brumaire, à ladite heure de trois du soir, au-dessus de la Barrière de Saint-Agnan, les bouches tournées à l'aspect du couchant, et il sera fait trois salves de toute l'artillerie à l'arrivée de Sa Sainteté ; les mêmes canons seront conduits le jeudi 1er frimaire, à sept heures du matin, au-dessous de la Barrière de Paris, dans le champ de M de Chaumont, la bouche aussi tournée au couchant ; et il sera fait également trois salves de toute l'artillerie au départ de Sa Sainteté.

Il sera établi un corps de garde de quarante hommes, avec un tambour, commandé par un officier, dans la maison vacante du sieur Manuel, à l'arrivée de Sa Sainteté ; ce corps de garde restera jusqu'au départ ; il sera placé des sentinelles à toutes les avenues de la maison du Sr Asselineau, destinée à recevoir, comme maison particulière, Sa Sainteté, et deux autres, l'une au bout de Saint-Agnan, et l'autre proche des maisons des sieurs Lahaussois père et fils, avec l'ordre d'empêcher que toutes les voitures (autres que celles de la suite de Sa Sainteté) entrant dans la ville, depuis l'arrivée du Souverain Pontife jusqu'à son départ, ne passent dans l'intérieur de la ville, et particulièrement devant l'Hôtel de Ville, où Sa Sainteté couchera ; et de faire prendre, à toutes les voitures venant de Paris, les rues, soit de la Trésorerie, soit de la Pêcherie, pour gagner le pont de Saint-Agnan, et celles venant de Lyon, les rues, soit des Augustins, soit du Grand-Lavoir, pour rejoindre, par les mêmes rues, la route de Paris.

Il sera fait des patrouilles pour que le plus grand ordre, la plus grande tranquillité et le calme le plus parfait règne pendant le séjour du Souverain Pontife.

Le commandant fera rassembler le même nombre d'hommes requis pour aller au devant de Sa Sainteté, le 1er frimaire, sept heures du matin, devant l'Hôtel de la Mairie, et y attendre les ordres du Maire.

<h3 style="text-align:center">Art. 3</h3>

Le chef de musique sera invité à se trouver, avec tout le corps de musique, ledit jour, 30 de ce mois, trois heures du soir, et le 1er frimaire, sept heures du matin, à l'Hôtel de Ville.

<h3 style="text-align:center">Art. 4</h3>

Il est recommandé à tous les habitants de la ville de balayer et nettoyer chacun devant leurs propriétés, de manière à ce que le boueur puisse tout enlever les mardi et mercredi prochain, et que rien n'embarrasse les rues et places publiques. Visite sera faite, et soit le boueur soit les particuliers seront punis s'ils ont été négligents à obéir.

Art. 5.

Il est très expressément défendu à tous les habitants de laisser : bois, fumiers, terreaux, immondices, voitures et tous les autres objets dans les rues de la ville les 28, 29 et 30 du présent mois, particulièrement ledit jour 30 et dans la nuit allant au 1er frimaire.

Art. 6.

Les cloches des églises paroissiales de Saint-Jacques et succursale de Saint-Agnan sonneront la volée à l'arrivée du Souverain Pontife, jusqu'au moment où il sera rendu à son hôtel, et à son départ, jusqu'à ce que Sa Sainteté ait passé les limites de la commune.

Art. 7

Il est enjoint à tous les habitants de la ville d'illuminer leurs maisons, magasins ou boutiques autant bien que leurs facultés pourront le leur permettre depuis la nuit fermée jusqu'à onze heures du soir

Il y aura illumination, aux frais de la ville, aux deux Barrières de Lyon et de Paris et sur la Place de Carrouée.

L'adjudicataire pour l'entretien des réverbères les allumera, sans y manquer, les 28, 29 et 30 de ce mois, depuis la nuit jusqu'au jour et pour ce il aura de la ville une indemnité telle que de droit.

Art. 8

Il est défendu à tous les limonadiers et cabaretiers de donner à boire, à manger et à jouer le 30 de ce mois après l'heure de neuf du soir passée. Visite sera faite et les contrevenants sévèrement punis.

Art. 9

Tous les aubergistes et logeurs sont invités à recevoir le mieux possible toutes les personnes des environs qui demanderont à loger chez eux, à l'effet d'assister à l'arrivée du Souverain Pontife, et de faire généralement tout ce qui sera en leur pouvoir pour qu'ils n'aient point lieu de se plaindre.

Art. 10

Le second adjoint à la mairie de cette ville, par l'empêchement du premier, est chargé de surveiller l'exécution du présent, avec son zèle ordinaire, et à poursuivre sévèrement tous ceux qui contreviendront.

— 38 —

Art. 11 et dernier

Le présent règlement sera lu et publié dans le jour de demain 26 brumaire, neuf heures du matin, dans tous les lieux accoutumés, et dimanche 27, à l'issue de la messe paroissiale de Saint-Jacques et de celle de Saint-Agnan, pour que tous les susnommés aient à s'y conformer.

Fait et arrêté les jours, mois et an.

Ferrand, maire, et Beau, secrétaire (1).

L'Inspecteur des Postes aux chevaux, qui précédait de quelques jours l'arrivée du Pape et veillait à la préparation des relais et au nombre de chevaux nécessaires pour le cortège papal, écrivit, dès le 26, au maire de Cosne, la lettre suivante :

Cosne, 26 brumaire an 13.

L'Inspecteur de la Poste aux chevaux, en tournée sur la route de Paris à Lyon, au Maire de la ville de Cosne,

Je vous informe, Monsieur le Maire, que l'itinéraire du voyage du Pape a été changé et avancé et que je viens d'apprendre en route d'une manière positive, par un courrier venant de Turin, que Sa Sainteté devait arriver le 26 brumaire à Lyon, et passer à Cosne le 30 suivant.

Comme les chevaux de poste, mandés en tournée, ne doivent se rendre que le 1er frimaire au soir, ils n'ont point le temps d'arriver pour le passage qui est avancé.

Je vous invite en conséquence à vouloir bien employer tous les moyens qui sont en votre pouvoir et vous entendre, à cet effet, avec l'autorité locale, pour procurer au Maître de Poste de Cosne, inspecteur du relais, et pour le 30 brumaire au matin, 56 chevaux de trait, 10 conducteurs et 2 bidets, non compris les 12 chevaux que le maître de Poste doit fournir et pour remplacer les chevaux qui manquent, autrement le Souverain Pontife se trouverait arrêté dans sa marche.

Comme il y a urgence, je ne doute pas, Monsieur le Maire, que vous emploierez tous les moyens possibles pour assurer ce service important.

J'ai l'honneur de vous saluer (2).

(Signature illisible).

---

(1) Cet arrêté est consigné sous le n° 67, au registre des arrêtés du maire, du 1er vendémiaire an XII au 15 décembre 1811. (Archives de Cosne, carton n° 168. Fêtes publiques, 1790-1888. 1res séances : fêtes et cérémonies de 1790 à 1860). Passage du Pape.

(2) Archives de Cosne. (Carton n° 168. Fêtes publiques, 1790-1888. 1re liasse des fêtes et cérémonies de 1790 à 1860). Passage du Pape.

Le sous-préfet de Cosne se trouvait absent le 30 brumaire, son secrétaire écrivit la lettre suivante aux autorités civiles et judiciaires de la ville pour les inviter à aller en corps recevoir Sa Sainteté :

Du 30 brumaire an 13.

> *A MM. le président et juges du tribunal, M. le procureur impérial, M. le substitut, magistrat de sûreté; M. le juge de paix du canton de Cosne, M. le président de la chambre des avocats, et M. l'officier de recrutement.*

MM.

A son départ, M^r le Sous-Préfet m'a chargé de vous prévenir de l'arrivée du Souverain Pontife dans cette ville, demain 1er frimaire, et de vous inviter en son nom d'aller en corps recevoir Sa Sainteté.

Le corps municipal se réunira à trois heures du soir, et avant le départ il sera envoyé un détachement de la Garde Nationale au local où vous siégez.

J'ai l'honneur de vous saluer (1).

P. - S. — Sa Sainteté ne doit arriver que le 2 frimaire d'après le dernier avis reçu.

Tels s'annonçaient les préparatifs de la ville de Cosne qui allait offrir l'hospitalité à Pie VII pendant la nuit du 2 au 3 frimaire (23 au 24 novembre 1804).

Il était presque sept heures du soir quand les canons de la ville, placés à la barrière de Saint-Agnan, donnèrent le signal de l'approche du Saint-Père par trois salves de toute l'artillerie. Aussitôt, les cloches de Saint-Jacques et de Saint-Agnan répondent en lançant dans les airs leurs vibrations mélodieuses. Le clergé de la ville et des environs en habit de chœur, les autorités civiles et militaires et une foule considérable de fidèles et de curieux de tout âge et de tout sexe s'étaient portés à la barrière de Saint-Agnan. A l'approche de Sa Sainteté, la Garde nationale présente les armes, les tambours battent aux champs, les équipages pontificaux s'arrêtent et le Saint-Père est complimenté d'abord par Mgr de Fontanges,

---

(1) Registre de correspondance de la mairie de la ville de Cosne, an II à 1811. Carton n° 54 *ter*, A *bis*.

puis par M. Leblanc, curé de Saint-Jacques ; par M. Ferrand, maire de Cosne ; par M. Montchamoy, président du tribunal, et par d'autres encore. Pie VII répond à tous avec affabilité et bienveillance, il fait baiser son anneau aux principaux personnages et leur donne sa bénédiction, ainsi qu'à la foule prosternée sur la chaussée du chemin.

Voici le discours de M. l'abbé Leblanc, que nous avons retrouvé à la bibliothèque de Nevers :

TRÈS SAINT PÈRE,

Le clergé de l'arrondissement de Cosne, dont j'ai l'honneur d'être, en ce moment, l'organe et l'interprète, s'empresse, dans les transports de la joie la plus vive, de venir témoigner aux pieds de Votre Sainteté, combien il est honoré de posséder dans les murs de sa cité, le successeur de saint Pierre, le chef de l'Eglise, un Souverain Pontife selon le cœur de Dieu, et que Dieu nous a donné dans sa miséricorde. *Nous avons crié vers Lui, et Il nous a exaucés parce que nous l'avons invoqué avec confiance dans notre affliction.*

C'est vraiment aujourd'hui, Très Saint Père, et par vous, que l'Eglise de France, cette portion choisie de l'Eglise catholique, *si longtemps battue par la tempête, chante des cantiques de louanges et pousse des cris d'allégresse ;* c'est par vous que *nous célébrons, avec leurs antiques pompe et majesté, nos jours de fêtes,* nos augustes solennités. C'est par vous que nous sommes tous, pasteurs et troupeau, réunis dans le même bercail ; que la Religion est florissante, que la paix, la concorde, la charité ont repris leur empire dans toutes les conditions.

Votre Sainteté, Souverain Pontife, vient mettre le comble à tant de bienfaits et assurer à jamais le règne de la Religion, le bonheur de la Nation française, en répandant l'Onction sainte sur notre auguste Empereur, ce héros, *l'homme de la droite du Seigneur qui lui-même a formé ses mains aux combats, cet autre Néhémie qui, par sa vaillance et sa piété,* a rendu à la France l'exercice de son culte extérieur, qui *a rassemblé les tribus dispersées de Juda, et rebâti le Temple du Très-Haut ;* ce sauveur de l'Etat, qui, par ses actions héroïques et ses bienfaits signalés, s'est acquis les droits les plus légitimes à l'Empire et à notre fidélité.

Très Saint Père, l'éloge de Pie VII ne sera jamais séparé de celui de Napoléon ; le nom et les vertus de Votre Sainteté, les grandes qualités, le zèle de Sa Majesté Impériale pour la Religion et le bonheur du peuple, vivront éternellement dans les annales de l'Eglise, dans les fastes de la Nation, et dans le cœur de tous les Français, de génération en génération.

Daigne Votre Sainteté agréer l'hommage de notre profond respect, de notre reconnaissance, et de notre attachement inaltérable à la Sainte Eglise romaine, Mère de toutes les

— 41 —

autres Eglises : toujours nous tiendrons à son unité, comme l'a
dit Bossuet, par le fond de nos entrailles.

C'est dans ces sentiments, Très Saint Père, que nous sup-
plions humblement Votre Sainteté de nous accorder sa bénédiction (1).

Après les compliments et la réponse du Saint-Père, le
cortège se remet en marche.

C'était un spectacle touchant et féérique à la fois, que
cette entrée d'un Pape, à sept heures du soir, à la fin de
novembre, dans une petite ville de province, qui voulait
rendre au Souverain Pontife les plus grands honneurs.

Représentez-vous, en effet, « le Commandant de la
Garde nationale à la tête de ses cent fusiliers d'élite, en
bonne tenue, avec le drapeau, les officiers, les sous-officiers et tous les tambours », précédant le cortège, puis
« le chef de musique avec tout le corps de musique »,
ensuite la garde d'honneur à cheval, le conseil municipal
et toutes les autorités civiles et militaires en grande tenue,
le clergé de la ville et des environs en habits de chœur ;
les voitures des prélats et des dignitaires ecclésiastiques
ou laïques, les berlines des cardinaux et enfin celle de Sa
Sainteté ; toutes ces voitures traînées par des chevaux
magnifiquement harnachés, allant au pas et promenant
dans l'obscurité de la nuit la lumière vacillante de leurs
lanternes ; ajoutez à tous ces personnages, des fidèles
nombreux et recueillis, venus de la ville ou des communes voisines, la plupart portant des torches ou des
flambeaux à la main ; la Barrière de Lyon toute embrasée,
les maisons de la ville illuminées, les boutiques et les
magasins resplendissants, les lueurs des feux de la
Barrière de Paris et de la place de Carrouée se reflétant
au loin dans la nuit noire, les cloches de Saint-Jacques
et de Saint-Agnan, mêlant leurs notes argentines aux
roulements prolongés des tambours de la Garde natio-

---

(1) *Compliment adressé et remis à Sa Sainteté, le vendredi 23 novembre 1804 (2 frimaire an 13), par* M. ANDRÉ LEBLANC, *curé de
Cosne. A Nevers, chez J. Lefebvre l'aîné, imprimeur de la préfecture,
rue de la Tartre, près la Halle, an 13 — 1804.*

L'abbé Leblanc était un bonapartiste convaincu. Quand Napoléon
revint de l'île d'Elbe, le curé de Cosne prononça dans son église
un discours pathétique en faveur de l'Empereur, puis un autre sur
l'acte additionnel. Ces deux discours sont à la bibliothèque de
Nevers. Mais à peine Louis XVIII fut-il remonté sur le trône, que
l'abbé Leblanc fut mis sous la surveillance de la police. Il devait
même être envoyé à Nantes, il obtint de rester à Nevers, où il faisait
constater chaque soir sa présence en signant sur un registre, conservé
encore aujourd'hui à la bibliothèque de la ville.

nale, et dites si cette entrée dans Cosne, si cette simple réception n'était pas aussi sincère, aussi cordiale, aussi enthousiaste que l'accueil triomphal fait au Souverain Pontife dans les plus grandes villes de l'Empire.

Avant de se rendre à son hôtel, le Saint-Père s'arrêta à l'église Saint-Jacques, où il fit une longue prière (1).

L'église était magnifiquement ornée. Plusieurs jours avaient été employés à sa décoration (2).

Le Saint-Père, arrivé à son hôtel, voulut répondre aussitôt, malgré la fatigue, à la lettre de l'Empereur, datée de Saint-Cloud, qu'il avait reçue quelques heures auparavant. Nous l'avons rapportée au chapitre précédent.

Alors Pie VII écrivit de sa propre main la lettre suivante :

A peu de postes de cette ville où Nous sommes arrivé à sept heures après midi, Nous avons reçu la précieuse lettre de Votre Majesté. Le grand intérêt qu'Elle montre pour Notre santé est un effet de sa bonté pour Nous, à laquelle Nous sommes très sensible. Nos secrétaires ne Nous ont pas encore rejoint ; Nous sommes contraint à fatiguer Votre Majesté avec Nos propres caractères, et à Nous servir d'un papier

---

(1) L'inscription suivante, placée dans cette église, rappelle la touchante visite de Pie VII :

« *In hac ecclesia Sancti Jacobi, Pius VII, Pontifex Maximus, peregrinus et huius ciuitatis hospes prolixius orabat. Die nouemb. XXIII anni MDCCCIV :* Dans cette église de Saint-Jacques, le Souverain Pontife Pie VII, pèlerin et hôte de cette ville, a prié longuement, le 23 novembre de l'année 1804 ».

(2) Le registre du conseil de fabrique de Saint-Jacques a consigné le souvenir du passage du Pape dans la délibération suivante, dont nous devons la copie à l'obligeance de M. le chanoine Trinquet, curé actuel de cette paroisse :

« Aujourd'hui 14 pluviôse an XIII, à l'issue des vêpres de l'église paroissiale Saint-Jacques de Cosne, Messieurs : André Leblanc, curé ; Charles Ferrand, président, Robert, Germain Rouget, fabriciens en exercice aujourd'hui ; Bar Camus, Foing, d'Hubert père, Bruand père et Béchard tous membres du conseil municipal de la ville du dit Cosne, réunis en assemblée générale pour délibérer..... autorise M. le fabricien comptable à payer au bedeau de l'église 24 livres par forme d'indemnité pour le temps qu'il a employé à décorer l'église lors du passage du Souverain Pontife..... à payer au suisse 6 livres pour la même cause..... à faire achat d'un marbre et à faire graver dessus une inscription qui atteste à la postérité que N. S. Père le Pape est entré dans l'église de Saint-Jacques de Cosne le 2 frimaire an XIII (23 novembre 1804).

» Fait et arrêté les jour et mois et an et ont les membres composant l'assemblée signé :

» FERRAND,   B. CAMUS,

» LEBLANC, curé ».

peu convenable, ce dont Votre Majesté voudra bien Nous excuser. Nous Nous réservons de vous exprimer de vive voix les sentiments de Notre cœur, puisque la lassitude ne Nous permet pas de plus grands développements qui seraient nécessaires. Nous tâcherons d'être auprès de vous demain soir, s'il est possible, ne désirant rien de plus que de goûter plus promptement le plaisir de Nous trouver avec Votre Majesté, à qui Nous envoyons avec toute l'effusion du cœur la paternelle bénédiction apostolique.

Donné à Cosne, le 23 novembre 1804, de Notre pontificat le cinquième.

Pius PP. VII.

Il est dit, dans les délibérations du conseil municipal de Cosne, que Sa Sainteté couchera à l'hôtel de ville. D'autre part, la tradition locale rapporte que Pie VII logea à l'hôtel du Grand-Cerf. Où se trouve la vérité ? (1)

Voici la page de Montégut qui rapporte cette tradition :

« J'allais quitter la petite ville de Cosne, lorsqu'en me promenant, au moment de partir, à travers l'hôtel du Grand-Cerf, où j'étais logé, mes yeux rencontrèrent à l'improviste, sculptées et peintes au-dessus de la cheminée d'une petite salle, la triple tiare et les clés de saint Pierre. Assez étonné de rencontrer le blason de la papauté dans cette salle d'auberge, je m'informe auprès de mon hôtesse, qui m'apprend que, lors de son voyage pour le sacre de Napoléon, Pie VII a passé une nuit dans cette chambre, et que le lendemain, la cheminée lui servit d'autel pour célébrer la messe à son réveil, en souvenir de quoi les armes de la papauté furent sculptées à cette place (2).

« Vous possédez certainement ce qu'il y a de plus » intéressant à Cosne, fis-je observer à mon hôtesse, et; » comme ce souvenir ne se trouve mentionné dans aucun

______

(1) Peut-être la municipalité, voyant qu'il était difficile d'aménager l'hôtel de ville pour donner l'hospitalité à Pie VII, décida-t-elle, au dernier moment, de lui faire passer la nuit à l'hôtel du Grand-Cerf. Toujours est-il que les notables de Cosne et des environs furent admis à baiser les pieds de Sa Sainteté, à la maison où Elle était descendue. Les mères présentèrent leurs petits enfants au Saint-Père, qui les bénit avec beaucoup de tendresse. M. l'abbé Mézières, qui fut curé de Château-Chinon de 1847 à 1888, a souvent répété à ses amis qu'il devait sa vocation sacerdotale à la bénédiction de Pie VII, lors de son passage à Cosne, en 1804. M. Mézières, en effet, naquit dans cette ville en 1803.

(2) Ce détail ne paraît pas vraisemblable. Quand le Saint-Père célébrait la messe pendant son voyage, c'était ou dans une église ou sur une table portative.

» guide pour les touristes, je vous engage à réclamer,
» cela vous ferait une bonne annonce commerciale, et
» quantité de voyageurs qui s'arrêtent à Cosne descen-
» draient chez vous sur la mention de ces armoiries. —
» Il n'est pas étonnant que le fait ne soit pas connu, me
» dit-elle, car cette sculpture a été recouverte pendant de
» très nombreuses années par une maçonnerie que le
» précédent propriétaire avait fait élever ; c'est nous qui,
» ayant eu besoin de remettre les lieux dans leur premier
» état, l'avons rendue au jour dans ces derniers temps
» sur l'avis d'une vieille bonne qui avait passé dans
» l'hôtel plus de soixante-dix ans. Vous ferez attention
» quand vous arriverez à cet endroit, avait-elle dit aux
» maçons, en leur désignant la place de la cheminée ; il
» y avait là quelque chose, je ne sais pas ce que c'était,
» mais c'était bien joli. — Soixante-dix ans ! m'écriai-je,
» cette servante avait passé dans l'hôtel soixante-dix ans !
» En ce cas, ce devait être une servante modèle. — Oh !
» oui, me répondit l'hôtesse avec une expression sérieuse
» et une inflexion de voix légèrement respectueuse ; elle
» était entrée enfant au service de ceux qui fondèrent la
» maison, et c'est nous-mêmes qui l'avons enterrée il y a
» peu de temps ». Comme le triomphe des humbles est
écrit à toutes les pages des livres où est renfermée
la religion dont Pie VII fut le Pontife, je puis avouer
sans embarras que cette simple femme, type d'une
domesticité disparue, triompha complètement dans mon
esprit des souvenirs de la papauté et de l'empire, et me
parut pendant quelques minutes intéressante à l'égal de
toutes les splendeurs de ce monde, seul succès de ce
genre qu'elle ait probablement obtenu (1) ».

Quoi qu'il en soit, dès le lendemain à sept heures du
matin, le cortège était de nouveau formé et rassemblé
devant l'hôtel de ville. Pour le départ du Saint-Père, on
suivit le même programme que pour son entrée dans
Cosne. Les canons, qui avaient été conduits de bonne
heure de la Barrière de Saint-Agnan à la Barrière de Paris,
donnèrent le signal du départ par trois salves de toute
l'artillerie, les cloches des deux églises sonnèrent à grande
volée, et le cortège se mit en marche du côté de Neuvy-
sur-Loire.

---

(1) Emile MONTÉGUT : *En Bourbonnais et en Forez*, p. 2 et 3.
M. Paul Meunier, avocat à Nevers, nous apprend que la dame dont
il est question dans Montégut est Mme Grangier de la Marinière.
« Toutes les personnes, ajoute-t-il, que j'ai consultées, m'ont confirmé
avoir entendu raconter les mêmes faits par leurs ancêtres et par
M. Grangier de la Marinière, ancien député ».

La foule était aussi nombreuse et recueillie que la veille. Les autorités civiles, militaires et religieuses et beaucoup de fidèles accompagnèrent le Souverain Pontife à plusieurs centaines de mètres de la ville. Mgr de Fontanges suivit le cortège pontifical jusqu'à Paris.

Nous ne savons rien de précis sur le passage du Saint-Père à Neuvy, mais tout porte à croire que les fidèles accoururent aussi au-devant du Pape pour l'escorter un peu et recevoir sa bénédiction.

Bientôt Pie VII quitta le département de la Nièvre pour entrer dans celui du Loiret, et il arriva le soir à Montargis, où il coucha (24 novembre).

Il en repartit le 25, au matin, et vers midi il approchait de Fontainebleau ; il était très fatigué. « Un jour on lui faisait faire dix-neuf lieues, un autre jour quatre lieues. Il y avait un nouveau pont à Nemours, on désirait que le Pape y passât le premier, mais on l'y fit arriver à minuit, ce qui n'avait nulle grâce, remarquait l'évêque d'Orléans (1) ».

L'Empereur Napoléon, averti de l'approche du Pape, alla au-devant de Sa Sainteté et la rencontra à la croix de Saint-Hérem. Six voitures de Sa Majesté s'approchèrent alors ; l'Empereur monta le premier en voiture (ce que l'on appelle et ce qui est, en effet, la politesse italienne) pour prendre la place à gauche et placer Sa Sainteté à sa droite, et ils entrèrent au château au milieu d'une haie de troupes et au bruit de salves d'artillerie, et le Pape et l'Empereur furent reçus au bas du perron par Son Éminence le cardinal Caprara, légat du Saint-Père à Paris, et par les grands officiers de la maison impériale. C'était le 25 novembre, à midi et demi.

Après s'être reposée quelques instants, Sa Sainteté alla faire visite à l'Empereur, puis à l'Impératrice. Le Pape dit, en rentrant dans ses appartements, qu'il avait été charmé de l'accueil de l'Impératrice et des sentiments qu'elle avait témoignés. Puis le Souverain Pontife reçut les ministres et les grands officiers de la cour. Le ministre Fouché ayant demandé au Saint-Père comment Il avait trouvé la France, le Pape répondit : « Béni soit le Ciel ! Nous l'avons traversée au milieu d'un peuple à genoux. Que nous étions loin de la croire en cet état ! »

Pie VII s'arrêta trois jours au château de Fontainebleau, qu'il devait revoir et habiter huit ans après comme prisonnier, ensuite il partit pour Paris où il arriva le 28 novembre.

---

(1) *Vie et Pontifical du Pape Pie VII*, t. I, p. 494-495, par ARTAUD.

Le 30, une députation de vingt-cinq membres du Sénat fut présentée à Sa Sainteté. On peut lire dans Artaud (1) les discours qui furent prononcés à cette occasion par les présidents du Sénat, du Corps législatif et du Tribunat.

La cérémonie du sacre et du couronnement de l'Empereur eut lieu à Notre-Dame, le 2 décembre, avec une pompe extraordinaire et au milieu d'un grand concours de Français et d'étrangers.

Le Souverain Pontife passa l'hiver à Paris. Il avait fait sa résidence aux Tuileries, dans le pavillon de Flore, où il donnait audience aux fidèles.

---

(1) *Vie et Pontificat du Pape Pie VII*, t. I, p. 497-508.

CHAPITRE VII

Retour de Pie VII à Rome

Après quatre mois de séjour à Paris, le Souverain Pontife, gratifié de présents assez riches, n'avait cependant pas obtenu de l'Empereur tout ce qu'il était en droit d'attendre pour l'Eglise de France.

Il quitta les Tuileries le 4 avril 1805 et repartit par la Bourgogne. Outre les personnages de sa suite que nous connaissons, le Pape était accompagné par deux officiers de la maison de l'Empereur : le chambellan de Brigode et l'écuyer Durosnel. Deux jours auparavant, Napoléon, « se rendant en Italie pour y prendre la couronne de fer, était parti du château de Fontainebleau. Les deux souverains suivaient la même route. Tandis qu'à Brienne et à Troyes, on offrait des bals à l'Empereur, à Fontainebleau, les élèves de l'école militaire et les grenadiers de la Garde s'empressaient pour solliciter la bénédiction du Pape. Le dimanche des Rameaux, Pie VII célébra la messe à la cathédrale de Troyes, puis étant arrivé le lundi à Semur, il y passa la nuit (1) ».

Il se dirigea ensuite sur Autun, où il arriva le mardi 9 avril 1805, et le soir même, à huit heures, il s'arrêtait à Chalon-sur-Saône pour y passer les derniers jours de la semaine sainte et célébrer les fêtes pascales. Il en repartit le lundi 15 avril (2).

Le pape avait reçu à Chalon-sur-Saône un accueil qui le combla de satisfaction, et dont il a parlé plus tard avec une grande sensibilité. Il aimait à rappeler cette réception, nous le verrons plus loin (3).

---

(1) *Pie VII à Autun, au retour du sacre*, par Ch. BOELL. On conserve dans l'église de Semur un portrait contemporain de Pie VII avec une inscription donnant la date du jour où il pria dans cette église.

(2) Sur cette réception du Pape à Autun, lire la brochure de M. Ch. BOELL : *Pie VII à Autun, au retour du sacre.*

(3) Les deux inscriptions suivantes concernant le séjour de Pie VII à Chalon se trouvent, la première dans l'église Saint-Vincent et la seconde dans la chapelle de l'hôpital :

En 1805 le pape Pie VII a officié à Saint-Vincent les jeudi et vendredi saints et le jour de Pâques.

Le pape Pie VII a daigné visiter l'hospice de Chalon et lui accorder des indulgences le XII avril MDCCCV.

Après s'être arrêté à Mâcon, le Saint-Père séjourna à Lyon du 16 au 20 avril. Il fut reçu par Son Eminence le cardinal Fesch, archevêque de cette ville et oncle de l'Empereur, et qui n'épargna aucune dépense, aucune exhortation pour que Sa Sainteté se trouvât avec plaisir au milieu de la seconde ville de France. Pie VII conservait un souvenir touchant de son passage à Lyon et des prévenances remplies de respect qu'il avait reçues de son archevêque (1).

De Lyon, le Saint-Père se dirigea sur Turin où il arriva le 24 et où il reçut les adieux de l'Empereur et Roi. Napoléon, en effet, se rendant à Milan pour se faire sacrer roi d'Italie, était de passage à Turin.

Le 2 mai, Pie VII entra à Parme d'où il écrivait à l'Empereur une lettre dans laquelle il lui disait : « Nous sommes arrivé ici heureusement par suite des dispositions prévoyantes qu'avait ordonnées Votre Majesté. Nous ne pouvons qu'éprouver une grande satisfaction des honneurs qui Nous ont été rendus par les autorités locales, par les troupes, et des preuves de dévotion données par le peuple. Nous vous assurons que Nous en conservons un long souvenir ».

Le 9 mai, Napoléon répondit :

Très Saint-Père,

J'ai appris avec plaisir, par votre lettre de Parme, que vous étiez arrivé en bonne santé, et satisfait de la France et de la partie de mes Etats d'Italie que vous avez traversée. Je suis depuis hier à Milan où j'espère apprendre bientôt que Votre Sainteté est de retour à Rome.

Sur ce, je prie Dieu, Très Saint-Père, qu'Il vous conserve longues années au régime et gouvernement de Notre mère Sainte Eglise.

Votre dévot fils,

L'Empereur des Français,

Napoléon.

---

(1) « Pendant le séjour de Pie VII à Lyon, il descendit chez la générale baronne Buget de Selva, il la bénit, ainsi que l'enfant qu'elle attendait, et qui fut son unique fille, notre arrière-grand'mère, Espérance de Lon. Il lui donna une très belle médaille d'argent à son effigie, que j'ai toujours connue et vénérée dans les reliques de famille ». Je tiens ces renseignements de Mme Guy de la Motte Saint-Pierre, née Brabant, celle-là même qui fut condamnée à la prison lors de l'expulsion des sœurs de Saint-Roch, tandis que son mari, lieutenant de vaisseau, était rayé des cadres de la marine par M. Pelletan, pour le même motif, le 19 août 1902.

Le Souverain Pontife regagna ses Etats en passant par Florence et Pérouse.

A Florence, Pie VII fut reçu avec magnificence et piété par la régente d'Etrurie, Marie-Louise de Bourbon, qui ne devait plus le revoir que dans une situation bien différente et à une grande distance de leurs Etats respectifs.

Enfin, le 16 mai, Sa Sainteté rentrait à Rome au milieu d'une affluence considérable de fidèles agenouillés sur tout le parcours. Pie VII se rendit directement à l'église Saint-Pierre pour remercier Dieu de son heureux retour. Il fut reçu à la porte de la Basilique par le cardinal d'York, âgé de quatre-vingts ans et entouré de tous les autres cardinaux. Le Pape donna sa bénédiction au peuple accouru et joyeux de revoir son Pontife. Il y avait cent quatre-vingt-cinq jours que Pie VII avait quitté sa capitale.

De grandes fêtes furent organisées à Rome en l'honneur de l'heureux retour de son souverain. « Le soir même, il y eut une illumination générale dans le palais de la ville éternelle et le Sénateur donna un *ricevimento* magnifique au Capitole, où se réunirent toute la noblesse romaine et le corps diplomatique (1) ».

Pie VII fut très touché de sa réception en France. Ce voyage avait pour ainsi dire électrisé l'âme du Saint Pontife. Il en parlait avec bonheur. Le surlendemain de son arrivée, dans une audience à laquelle fut admis M. Artaud, Sa Sainteté s'exprima ainsi : « Nous voulons vous raconter un événement qui vous prouvera à quel point Nous avons lieu d'être content de votre excellent peuple... A Chalon-sur-Saône, nous allions sortir d'une maison que Nous avions habitée pendant plusieurs jours ; Nous partions pour Lyon : il Nous fut impossible de traverser la foule ; plus de deux mille femmes, enfants, vieillards, garçons Nous séparaient de la voiture, qu'on n'avait pu faire avancer. Deux dragons (le Pape appelait ainsi nos gendarmes à cheval, parce que les seuls corps de cavalerie qu'il eût à son service étaient de l'arme des dragons), deux des dragons chargés de Nous escorter Nous conduisirent à pied jusqu'à Notre voiture, en Nous faisant marcher entre leurs chevaux bien serrés. Les dragons paraissaient se féliciter de leur manœuvre, et fiers d'avoir plus d'invention que le peuple. Arrivé à la voiture, à moitié étouffé, Nous allions Nous y élancer avec le plus d'adresse et de dextérité possible, car c'était une bataille où il fallait employer la malice, lorsqu'une

_____

(1) Artaud, t. II, p. 56.

4

jeune fille, qui à elle seule eut plus d'esprit que Nous et les deux dragons, se glissa sous les jambes des chevaux, saisit Notre pied pour le baiser, et ne voulait pas le rendre, parce qu'elle avait à le passer à sa mère, qui arrivait par le même chemin. Prêt à perdre l'équilibre, Nous appuyâmes Nos deux mains sur un des dragons, celui dont la figure n'était pas la plus sainte, en le priant de Nous soutenir. Nous lui disions : « *Signor dragone,* » ayez pitié de Nous ». Voilà que le bon soldat (fions-nous donc à la mine), au lieu de prendre part à Notre peine, s'empara à son tour de Nos mains pour les baiser à plusieurs reprises. Ainsi, entre la jeune fille *(la ragazza)* et votre soldat, Nous fûmes comme suspendu pendant plus d'un demi-quart de minute, *Nous redemandant*, et attendri jusqu'aux larmes.

» Ah ! que Nous avons été content de votre peuple ! (1) »

Le même jour, c'est-à-dire le 18 mai, le Pape écrivit à Napoléon pour le remercier de sa réception en France :

Très Cher Fils en Jésus-Christ, Salut et bénédiction apostolique.

Nous avions décidé qu'à peine parvenu à Rome, nous écririons à Votre Majesté pour lui donner des nouvelles de Notre heureuse arrivée, et lui réitérer, du lieu de Notre résidence, Nos remerciements de l'accueil reçu à Paris et des soins qu'on Nous a témoignés pendant tout Notre voyage.....

De son côté, l'Empereur, voulant donner une marque de sa gratitude au Souverain Pontife, lui envoya une tiare d'un travail merveilleux et d'un très grand prix.

Le Saint-Père écrivit aussitôt à Napoléon la lettre suivante :

Très cher Fils en Jésus-Christ,

Nous avons reçu le don de la riche tiare que vous avez bien voulu nous envoyer et Nous avons admiré à la fois la magnificence de Votre Majesté et l'élégance du travail.

Pénétré de la plus vive reconnaissance, Nous rendons à Votre Majesté les grâces les plus distinguées pour un présent si généreux, qui sera toujours conservé et admiré comme un monument de votre munificence et de la mémorable époque qu'il rappelle. Nous en ferons usage, pour la première fois, à

---

(1) Artaud, t. II, p. 57 et 58.

la prochaine fête des glorieux apôtres Pierre et Paul, lorsque Nous célébrerons le solennel pontifical dans la basilique de Saint-Pierre et ainsi la ville entière admirera, dans le haut prix du don, la grandeur du donateur. Nous répétons à Votre Majesté Impériale et Royale les sentiments à elle bien connus de Notre cœur, et en gage de Notre affection paternelle, Nous lui envoyons, avec toute l'effusion de Notre âme, la bénédiction apostolique.

Donné à Rome, près de Sainte Marie Majeure, le 23 juin de l'an 1805, de Notre pontificat le sixième.

Pius PP. VII.

Dans un consistoire tenu le 26 juin, le Pape rendit compte aux cardinaux de son voyage en France et des cérémonies du sacre et du couronnement :

Vénérables Frères,

Dès les premiers instants de Notre retour de France à Rome, Nous avons ardemment souhaité de vous appeler en consistoire, afin que, comme dans le temps, Nous vous avons fait part de Notre dessein d'aller en France, Nous vous fissions de même connaître sans délai les fruits salutaires qu'avec l'aide de Dieu, Nous avons retirés de ce voyage.

Puis Sa Sainteté rappelle les témoignages de tendresse que lui prodigua le peuple romain, les honneurs qui lui furent rendus par la reine d'Etrurie. La piété des Lyonnais fut mentionnée avec une émotion visible, et il était parlé de la généreuse et magnifique hospitalité du cardinal Fesch dans son diocèse de Lyon.

Après avoir raconté la cérémonie du sacre de l'Empereur Napoléon et de l'Impératrice Joséphine, il continue en disant :

Ce ne sont pas seulement des espérances, Vénérables Frères, que Nous avons apportées de notre voyage ; beaucoup de choses ont déjà été faites et sont comme les arrhes et le gage de ce qui se doit faire encore. Les sociétés des *Prêtres de la Mission* et des *Filles de la Charité* reprennent une nouvelle vie.

Saint-Jean-de-Latran sera dédommagé par la munificence de l'Empereur. Les peuples des Gaules ont vénéré en Nous le pasteur de l'Eglise catholique ; *il n'y a pas de paroles pour exprimer combien les Français ont montré de zèle et d'amour pour la religion.* Que dirons-nous de l'illustre clergé de France qui a manifesté tant de tendresse pour Notre personne, et qui a si bien mérité de Nous? Il n'y a pas encore de paroles qui puissent faire connaître l'empressement, la vigilance, l'assiduité, le zèle, avec lesquels les évêques surtout paissent leurs troupeaux, honorent et font honorer la religion......

Telles sont les choses que Nous avions à vous annoncer ; il ne Nous reste qu'à recourir avec confiance au trône de Dieu, auteur de tous biens, et de le conjurer de consommer les biens que Nous avons commencés pour sa gloire, pour l'accroissement de la religion, pour le salut des âmes, pour le bonheur de l'Eglise universelle et du Siège apostolique (1).

Les espérances de Pie VII furent bientôt déçues. Cette entente harmonieuse et féconde entre la puissance temporelle et le pouvoir spirituel allait être rompue par l'ambition effrénée de l'Empereur Napoléon. Il jette d'abord des yeux de convoitise sur les Etats du Pape, puis il conçoit le projet sacrilège de détrôner le Souverain Pontife et de lui ôter le sceptre en lui laissant la tiare. Alors les relations entre Paris et Rome deviennent plus tendues. La France et le Saint-Siège perdent bientôt leur confiance réciproque et leur sérénité première. Le ciel de ces deux pays alliés, si pur depuis le Concordat, signé il y a seulement quelques années, commence à s'assombrir : des nuages noirs et épais, présages certains d'une tempête future, s'élèvent à l'horizon entre les Etats pontificaux et l'Empire français. Déjà gronde l'orage qui va s'abattre sur la sainte Eglise de Dieu et principalement sur Pie VII. Déjà éclatent les premières difficultés qui amèneront la rupture définitive entre l'Empereur et le Saint-Siège. Déjà, enfin, s'engage ouvertement, entre le Pape et son allié des premiers jours, la lutte du droit contre la force, lutte qui durera dix années, aussi longtemps que le règne du maître. Pie VII reviendra en France, traversera de nouveau le département de la Nièvre et reverra Fontainebleau, mais il sera dépouillé, prisonnier, persécuté, jusqu'au jour où de glorieuses défaites obligeront Napoléon à déposer sa couronne dans le palais si longtemps témoin des souffrances du Souverain Pontife (2).

C'est de ce second voyage qu'il nous reste maintenant à parler. Nous résumerons brièvement les événements politiques qui l'occasionnèrent, les courses forcées du Pape prisonnier à travers l'Italie et la France, puis sa captivité à Savone, pour nous étendre davantage sur le second passage de Pie VII dans le département de la Nièvre.

---

(1) ARTAUD, t. II, p. 65-80.
(2) Charles BOELL, *Pie VII à Autun, au retour du sacre.*

CHAPITRE VIII

Note sur l'état des dépenses pour le relais de Nevers

On a vu, dans la relation du premier voyage du Pape, que les maires de Saint-Pierre-le-Moûtier, Nevers, La Charité et Cosne, villes où devaient relayer les équipages du cortège papal, avaient été chargés par le préfet d'écrire aux maires des communes circonvoisines pour inviter les particuliers à amener leurs chevaux et à renforcer ainsi les relais de la poste. L'auteur de cette étude a pensé qu'il ne serait pas sans intérêt de donner plus de précision à certains détails d'exécution matérielle, qui ne pouvaient trouver place dans le récit.

A Nevers, dans la section de Loire, on avait mis en réquisition 83 chevaux et, dans la section du Croux, 52 ; ce qui faisait un total de 135 chevaux. Les principaux entrepreneurs de voitures publiques de la ville étaient : Caffary, Goussot, Jouanin, Venon, Mallet, Billebault, etc.

De plus, la commune de Coulanges avait fourni 20 chevaux, celle d'Urzy en avait envoyé 30 et les Forges de Guérigny, 12.

La régie réclamait ses chevaux dès le 3 frimaire. Aussi, Bouvallet, qui remplaçait le préfet parti pour accompagner le Pape jusqu'à la limite de son département, écrivit dès le matin du 3 « aux maire et adjoints de la ville de Nevers, pour les prier de vouloir bien donner main-levée pour la moitié des chevaux requis à Guérigny et qui sont nécessaires au service de la régie ».

Le maire renvoya aussitôt la lettre avec ces mots écrits de sa main : « La main-levée a été donnée de la moitié des chevaux ».

Nous avons sous les yeux la note détaillée de toutes les dépenses occasionnées par le seul relais de Nevers. Nous les résumerons pour donner une idée de la somme qui a pu être dépensée pour le voyage du Saint-Père en France. Il est vrai que plusieurs des chevaux du relais de Nevers sont allés non seulement jusqu'à La Charité, mais même jusqu'à Cosne, ce qui double les frais pour ce seul relais.

Il est dit, dans une note dont l'écriture paraît être celle du maire de Nevers, que « les chevaux se payent deux francs par poste et trois francs de guide lorsqu'il conduit trois chevaux et deux francs lorsqu'il ne conduit que deux chevaux ».

Les entrepreneurs de voitures publiques de Nevers et les simples particuliers de cette ville qui avaient amené leurs chevaux eurent soin de se presser et de se faire payer les premiers.

M. Davrange, inspecteur principal des Postes impériales de France, envoya 1.374 fr. au maire de Nevers, qui les distribua à ses administrés. Caffary trouva même moyen de se faire payer 600 fr. un cheval, sous prétexte qu'il était mort pendant le passage du Pape.

Quand le maire de Pougues, le maire d'Urzy, M. de Neuchèze, et le directeur des Forges de la marine de Guérigny, M. Huart, envoyèrent leurs notes, on trouva les dépenses trop élevées. Elles montaient pour Urzy et Guérigny, guides et postillons compris, à 1.272 fr. Le maire de Nevers soutint vainement les réclamations de ses collègues. M. Davrange lui répondit « que l'arrivée accélérée du Souverain Pontife avait déterminé à faire appeler partout un plus grand nombre de chevaux de louage qu'il n'était nécessaire, ce qui avait occasionné une dépense que le gouvernement avait trouvée excessivement forte ». Le maire d'Urzy réclamait encore en faveur de ses administrés, le 20 janvier 1806. Les loueurs de chevaux reçurent un acompte de 198 fr. sur 1.272 fr. qui leur étaient dûs. Aucun document ne nous permet d'affirmer que cette note ait été complètement acquittée.

DEUXIÈME PASSAGE

DE PIE VII

DANS LA NIÈVRE

1812

LE PAPE PIE VII

Quelques années après son second passage

DEUXIÈME PASSAGE DE PIE VII

DANS LA NIÈVRE

1812

CHAPITRE PREMIER

Premières difficultés entre Napoléon et Pie VII

Avant la fin de l'année 1805, Napoléon ordonna d'occuper Ancône qui appartenait aux Etats du Pape. Le Saint-Père protesta en vain.

La victoire d'Austerlitz (2 décembre 1805) rendit l'Empereur encore plus audacieux et il prétendit que Pie VII ne devait garder aucun ménagement envers les ennemis de la France. Il disait dans une lettre datée de Paris (13 février 1806) :

...Votre Sainteté est souveraine de Rome, mais j'en suis l'Empereur. Tous mes ennemis doivent être les siens. Il n'est donc pas convenable qu'aucun agent du roi de Sardaigne, aucun Anglais, Russe, ni Suédois, réside à Rome ou dans vos Etats, ni qu'aucun bâtiment appartenant à ces puissances entre dans vos ports.

Le Souverain Pontife répondit aussitôt à Napoléon (21 mars 1806) par une lettre très digne et très ferme. C'est une argumentation très serrée en faveur de l'indépendance du Saint-Siège et où Pie VII réfute tous les prétextes de l'Empereur par des raisons décisives.

On y lit ce beau passage :

Nous avons eu et Nous aurons toujours pour Votre Majesté impériale et royale (1) les égards les plus étendus que peuvent suggérer l'estime, la bienveillance et l'amitié : mais Nous ne pouvons ni Nous prêter à ces concessions auxquelles répugnent les obligations *indéclinables* de Notre double *représentance*, ni dissimuler ces vérités dont Nous sommes convaincu par l'intime témoignage de Notre conscience, ni céder à ce qui s'oppose à la garde de ce dépôt du patrimoine de l'Eglise romaine qui Nous a été transmis à travers une si longue série de siècles par nos prédécesseurs et que Nous avons promis, en face du Tout-Puissant, au pied des autels et par les serments les plus sacrés, de transmettre intact à ceux qui Nous succéderont.

Puis, il refuse de chasser de ses Etats les Russes, les Anglais et les Suédois, disant que le Pape est :

Vicaire de ce Verbe éternel qui n'est pas le Dieu de la dissension, mais le Dieu de la concorde... qui Nous prescrit le devoir de la paix envers tous, *sans distinction de catholiques et d'hérétiques, de voisins ou d'éloignés, de ceux dont Nous attendons le bien, de ceux dont Nous attendons le mal...*
Avant de monter sur le trône, Nous avons juré de soutenir ces droits (de l'Eglise romaine et du Saint-Siège) et de les défendre jusqu'à l'effusion du sang.. Votre Majesté établit en principe qu'elle est *l'Empereur de Rome.* Nous répondons avec la franchise apostolique... Vous êtes immensément grand, mais vous avez été élu, sacré, couronné, reconnu Empereur des Français et non de Rome... Vos acquisitions trouvent le Saint-Siège en possession d'une souveraineté absolue et indépendante, possession continuée pendant tant de siècles et reconnue par tous, et elles doivent le laisser dans cette même possession... Si Nous étions assez malheureux pour que le cœur de Votre Majesté ne fût pas ému par Nos paroles, Nous souffririons avec une résignation évangélique tous les désastres, Nous nous soumettrions à toutes les douleurs, en les recevant de la main du Seigneur...
Nous affronterons toutes les adversités de cette vie plutôt que de Nous rendre indigne de notre ministère ; et vous, vous ne vous éloignerez pas de cet esprit de sagesse et de prévoyance qui vous distingue : il vous a fait connaître que *la prospérité des gouvernements et la tranquillité des peuples sont inséparablement attachées au bien de la religion.....* (2).

Cette lettre, où le droit était exposé si lumineusement et avec tant d'énergie, ne devait pas convaincre l'esprit

---

(1) Napoléon s'était fait couronner roi d'Italie, à Milan, par le cardinal Caprara, archevêque de cette ville, le 26 mai 1805.
(2) ARTAUD, t. II, p. 123-135.

déjà égaré de l'Empereur, ni même trouver un faible écho dans son cœur enivré par la puissance. Alors commençait la lutte du droit contre la force. Le Pape ne voulant pas concéder ce à quoi sa conscience de Souverain Pontife lui interdisait de consentir, le conflit allait toujours s'envenimant. Il était facile de prévoir des scènes funestes, puis un dénouement fatal.

Le 14 octobre 1806, Napoléon était vainqueur à Iéna, où il faisait 40.000 prisonniers. Le 27 octobre, il entrait à Berlin ; le 21 novembre, il publiait dans cette ville le décret qui déclarait les Iles Britanniques en état de blocus. Le 28 du même mois, la Russie lui déclarait la guerre, et le 19 décembre il pénétrait à Varsovie.

Ces victoires rapides et éclatantes sur les champs de bataille, ces entrées glorieuses et triomphales dans les capitales vaincues, rendirent l'Empereur plus intraitable encore. Les difficultés naissantes entre la cour romaine et le gouvernement impérial, loin de s'aplanir, ne firent que s'aggraver. Aussi, va se poursuivre, acharnée, la lutte entre le potentat implacable, devant lequel le monde subjugué s'incline timidement, et l'auguste vieillard auquel il ne reste d'autres armes que les justes protestations de sa conscience indignée.

Dans une lettre écrite au vice-roi d'Italie en date de Dresde, le 22 juillet 1807, Napoléon disait :

Ils (les conseillers du Pape) veulent me dénoncer à la chrétienté ; cette ridicule pensée ne peut appartenir qu'à une profonde ignorance du siècle où nous sommes ; il y a une erreur de mille ans de date..... Que veut faire Pie VII en me dénonçant à la chrétienté ? Mettre mon trône en interdit, m'excommunier ? *Pense-t-il alors que les armes tomberont des mains de mes soldats ?.....*

Peu de temps après, Napoléon ordonna d'occuper Rome. Les troupes entrèrent dans la ville avec le général Miollis, le 2 février 1808. De plus, le gouvernement impérial avait pris possession des provinces d'Urbin, d'Ancône, de Macerata et de Camerino, déclarées à perpétuité et irrévocablement réunies au royaume d'Italie, parce que le Pape n'avait pas voulu faire la guerre aux Anglais, ni s'unir aux rois d'Italie et de Naples pour la défense de la Péninsule.

Une protestation fut adressée par le cardinal pro-secrétaire d'Etat Gabrielli à M. le chevalier Alberti, chargé d'affaires du royaume d'Italie. Le Saint-Père y dit qu'il a le devoir sacré de transmettre à ses successeurs le patrimoine de l'Eglise dans son intégrité.

Mais la prospérité a tellement enflé le cœur de l'Empereur qu'il ne garde plus aucune mesure. Il fait enlever l'un après l'autre les cardinaux qui entourent le Pape et l'aident de leurs conseils et de leurs prières.

Le 11 juillet 1808, Pie VII assemble dans un consistoire les cardinaux qui se trouvent encore à Rome et y prononce la célèbre allocution qui commence par ces mots : *Nova vulnera*. Dans cette allocution le Saint-Père dit qu'il n'a pas assemblé les princes de l'Eglise depuis le 16 mars. Alors il pleurait l'enlèvement de cinq cardinaux, on vient d'en arracher dix autres de la capitale et cependant ils n'ont commis aucun délit. Voilà le fruit des peines souffertes pour aller porter le saint chrême à Napoléon ! En pensant au départ de ces cardinaux, la blessure s'est rouverte. Puis il proteste de la manière la plus énergique contre toutes ces violences. Il sacrifiera sa vie pour son peuple et conjure l'Empereur d'éloigner le mal de la maison d'Israël, de se soustraire aux conseils des perfides qui, sous prétexte d'étendre Sa Majesté royale, l'entraînent à l'éternelle perdition.

Ces revendications solennelles et ces objurgations évangéliques ne furent point écoutées. Napoléon s'avançait toujours contre la Sainte Eglise, mais aussi toujours restait infranchissable la barrière du *non possumus*, élevée dans la conscience apostolique de son Pontife persécuté.

Cependant un décret du 6 juin 1808 déclara Joseph Bonaparte roi d'Espagne. Le 14 juillet, Joachim Murat fut proclamé roi de Naples, et on enjoignit bientôt à Sa Sainteté de le reconnaître comme tel.

Le cardinal Pacca avait été nommé, le 18 juin, prosecrétaire d'Etat. Il reçut aussi l'ordre de quitter Rome pour l'exil, sous prétexte qu'il avait publié une notification du Pape, pouvant entraver des enrôlements faits par les Français. Mais le cardinal répondit qu'il ne partirait pas sans les ordres du Souverain Pontife.

Enfin, le 17 mai 1809, Napoléon rendit, à son camp impérial de Vienne, *un décret qui réunissait tous les Etats du Pape à l'Empire des Français*. La ville de Rome était déclarée ville impériale et *libre !* L'iniquité était onsommée.

CHAPITRE II

Enlèvement du Pape. Il est conduit à Savone (1)

Devant une spoliation si révoltante, Pie VII lança contre le gouvernement impérial une bulle d'excommunication, qui fut affichée à Rome, dans la nuit du 10 au 11 juin, par les soins du cardinal Pacca.

Dans cette bulle *Quum memoranda* Napoléon n'était pas nommé directement, mais il y était compris comme un des fauteurs de toutes les violences qu'avait éprouvées le Saint-Siège.

Après cet acte de vigueur, le Pape s'enferma avec plus de précaution que jamais dans son palais du Quirinal dont les portes, soigneusement fermées, étaient occupées par sa garde suisse.

Mais, dans la nuit du 5 au 6 juillet 1809, le gouverneur Miollis fit enlever le Saint-Père par le général Radet. Cette scène émouvante est racontée en détail dans les *Mémoires du cardinal Pacca* (2).

A quatre heures du matin, Pie VII et le cardinal Pacca, sans avoir le temps de faire aucun préparatif de voyage, reçurent l'ordre de monter dans une de ces voitures appelées *bastardelles*. On avait fait clouer les persiennes du côté où était assis le Pape. Le cardinal Pacca prit place à côté du Saint-Père.

Puis un gendarme ferma à clé les deux portières, et après que le général Radet et un certain Cardini, toscan, maréchal des logis, se furent placés sur le siège, ils donnèrent ordre de partir.

On peut lire tous les détails de cet enlèvement dans

---

(1) Fouché était encore au ministère de la police générale, mais il se retira bientôt après, en 1810, avec une fortune de plus de vingt millions. Il avait été nommé duc d'Otrante, le 15 août 1809. Le général Savary, duc de Rovigo, lui succéda comme ministre de la police générale.

(2) T. I, Escalade du palais Quirinal. Enlèvement de Pie VII, chap. VI, p. 123-135.

es Mémoires de l'officier général de gendarmerie Radet, qui emmena le Souverain Pontife jusqu'à la Chartreuse de Florence, où il le remit entre les mains du lieutenant-colonel de gendarmerie Lecrosnier.

Avant d'arriver à Florence, deux voitures de la suite du Pape rejoignirent le Saint-Père à Radicofani. Il y avait monsignor Doria, maître de chambre ; monsignor Pacca (le neveu du cardinal), Giovanni Soglia, chapelain secret ; le chirurgien Ceccarini, l'aide de chambre Joseph Moiraghi, le cuisinier et le palefrenier. Ces détails sont empruntés aux Mémoires du cardinal Pacca, qui accompagnait Sa Sainteté. « On voyagea toute la nuit, écrit-il, et le 8, vers l'aube du jour, nous arrivâmes aux portes de Sienne. Nous trouvâmes les chevaux de poste hors de la ville, avec une forte escorte de gendarmes (1) ». Il en fut ainsi à tous les relais, les chevaux de poste étaient conduits à quelque distance des villes pour ne pas attirer l'attention des fidèles sur l'auguste prisonnier et éviter ainsi toute manifestation sympathique en sa faveur.

Arrivé à la Chartreuse de Florence au milieu de la nuit, Pie VII fut conduit dans l'appartement qui lui était destiné, le même où, dix ans auparavant, on avait retenu en otage l'immortel Pie VI.

La grande-duchesse de Toscane, Élisa, sœur aînée de l'Empereur, n'osa pas garder le Pape à Florence. D'ailleurs, la promptitude de l'enlèvement du Souverain Pontife ayant devancé tous les ordres qui auraient pu émaner de Schœnbrunn, où se trouvait Napoléon, chacun pouvait s'exonérer du fardeau en le rejetant sur son voisin. Aussi, quelques heures après son arrivée, sans avoir eu le temps de se reposer, le Pape reçut l'ordre de partir pour Alexandrie, où il serait dans une place forte et sous l'étroite surveillance du prince Borghèse.

On défendit au cardinal Pacca de suivre le Saint-Père, en lui faisant cependant entrevoir qu'il rejoindrait Sa Sainteté à Alexandrie.

Alors partirent de la Chartreuse de Florence, avec Pie VII, monsignor Doria, maître de chambre ; monsignor Soglia, Joseph Moiraghi, camérier, et l'officier Mariotti.

Aux environs de Gênes, Mariotti fut remplacé par un autre commandant de gendarmerie, nommé Boissard.

De Gênes on se dirigea vers Alexandrie, en passant par Novi.

---

(1) *Mémoires du cardinal Pacca* et Artaud, *Vie et Pontificat du Pape Pie VII*, t. II, p. 233.

Le voyage du Pape, de Florence à Alexandrie, dura sept jours, du 9 au 15 juillet.

Le prince Borghèse, gouverneur général du Piémont, effrayé à son tour d'avoir un tel prisonnier à garder, et n'ayant pas reçu d'ordre, voulut s'en décharger au plus vite (1).

Après trois jours passés à Alexandrie, le Saint-Père fut dirigé sur la route de Mondovi, à travers le Piémont, pour être conduit en France. On promenait ainsi jour et nuit, par les villes d'Italie, cet auguste prisonnier, sans égard pour son grand âge (il avait alors soixante-dix ans), et malgré une chaleur étouffante.

Les Piémontais voulaient opérer la délivrance du Pape : « Plus nous approchions de France, dit M. Moiraghi, premier aide de chambre de Pie VII, plus l'enthousiasme augmentait ». Puis le douloureux cortège passa les Alpes et arriva à Grenoble le 21 juillet. Dans cette ville, le cardinal Pacca, qui avait rejoint Sa Sainteté depuis quelques jours, fut de nouveau séparé d'Elle et envoyé dans une forteresse située dans les montagnes du Piémont, à Fenestrelle, où il devait rester enfermé pendant trois ans et demi (2).

Le séjour du Souverain Pontife à Grenoble fut de courte durée. Il reçut l'ordre de partir pour Valence, et de là on gagna Avignon, puis Aix.

Partout la Provence donnait les mêmes signes de piété au passage du Pape prisonnier.

Ensuite on prit la route de Nice, où Pie VII trouva dix mille personnes à genoux pour le recevoir. Les rues avaient été semées de fleurs.

Le Saint-Père devenait partout embarrassant. Dans toutes les villes, les fidèles accouraient et se prosternaient pour recevoir la bénédiction du Pontife persécuté. Le commandant de gendarmerie Boissard, qui assistait à toutes ces ovations spontanées, voyait bien qu'il conduisait moins un criminel d'Etat qu'un pacifique triomphateur. L'ordre fut donné de conduire Pie VII à Savone, dans les Etats de Gênes (3).

---

(1) *Histoire du Consulat et de l'Empire*, THIERS, t. VI, l. XXXVII, p. 311-314.

(2) *Mémoires du cardinal Pacca*, t. I, c. II, Séjour à Grenoble ; voyage à Fenestrelle, p. 271-305.

(3) ARTAUD, *Vie et Pontificat du Pape Pie VII*, t. II, p. 240-280.

CHAPITRE III

De Savone à Nevers

Pendant qu'on enlevait le Pape de son palais de Rome, dans la nuit du 6 juillet 1809, Napoléon gagnait la bataille de Wagram. Le 14 octobre, la paix avait été signée à Schœnbrunn entre l'Autriche et la France, et, le 26 du même mois, l'Empereur arrivait à Fontainebleau. Le 1er janvier 1810, la police de Rome ordonna de s'emparer des écrits existant dans les archives des tribunaux et des congrégations ecclésiastiques, et, le 7 février, un sénatus-consulte réunit à l'Empire tous les Etats pontificaux.

Le 2 avril, Napoléon épousa l'archiduchesse Marie-Louise.

Les vingt-six cardinaux qui se trouvaient alors à Paris assistèrent à la cérémonie du mariage civil à Saint-Cloud, le 1er avril. Mais il n'en fut pas de même le 2 à la cérémonie religieuse : treize s'abstinrent de paraître « parce que le Pape n'était pas intervenu dans la rupture du premier mariage ». L'Empereur, irrité, fit exiler ces treize cardinaux rebelles, en leur enjoignant de quitter la pourpre et de s'habiller en noir.

Pendant ce temps, Pie VII était à Savone, surveillé de très près par le préfet de Montenotte, M. de Chabrol, et par un officier de gendarmerie.

Ecoutez plutôt ce que Napoléon disait dans deux lettres au ministre des cultes :

Vous écrirez au préfet de Montenotte qu'il ait à prendre toutes les mesures nécessaires pour que le Pape ne puisse communiquer avec personne, pour que les auberges de Savone et les voyageurs soient surveillés, et enfin pour ne rien laisser passer (1)... Vous ferez connaître au préfet et au prince Borghèse que mon intention est que l'intérieur du Pape se ressente du mécontentement que j'ai de sa conduite, et que l'état de sa

---

(1) Lettre de l'Empereur à M. de Préameneu, ministre des cultes, 17 janvier 1811.

maison soit réglé de façon à ne pas dépenser plus de 1.200 à
1.500 fr. par mois (1).

A la suite de ces instructions, on écarte de Pie VII, non
seulement tous ceux qui auraient pu être pour lui des
conseillers, mais les serviteurs aux soins desquels le
vieillard était habitué, jusqu'au vieux valet de chambre
qui lui servait de barbier (2).

Pie VII fut même séparé de son confesseur monsignor
Menochio.

Malgré la sévère surveillance à laquelle le Souverain
Pontife était soumis, il n'en gardait pas moins des sentiments remplis de bienveillance envers Napoléon, son
persécuteur.

Ainsi, pendant que le Pape était à Savone, il fut visité
par M. le chevalier Lebzeltern, agent autrichien, envoyé
par M. de Metternich pour régler avec Sa Sainteté quelques affaires religieuses relatives au diocèse de Vienne et
à d'autres parties des Etats héréditaires. Voici, dans une
conversation du Saint-Père, les paroles textuelles que
rapporte M. Lebzeltern dans une lettre à M. de Metternich,
en date du 16 mai :

Nous désirons, plus que personne, que l'Empereur Napoléon
soit heureux. C'est un prince qui réunit tant d'éminentes qualités ! Veuille le Ciel qu'il reconnaisse ses vrais intérêts ; il a
dans ses mains, s'il se rapproche de l'Eglise, les moyens de
faire tout le bien de la religion, d'attirer à soi et à sa race la
bénédiction des peuples et de la postérité, et de laisser un
nom glorieux sous tous les aspects (3).

Le 21 juillet 1810, le cardinal Caprara, légat du Pape,
mourut à Paris. Pie VII n'était plus satisfait de sa
conduite et, le 26 août de l'année précédente, peu après
son arrivée à Savone, le Souverain Pontife lui avait
adressé une lettre où on lisait ces tendres revendications
à la suite d'une énumération de toutes les injures faites à
l'Eglise :

Pesez ces faits vous-même dans les balances du sanctuaire
et non dans celles de la prudence humaine. Si Sa Majesté aime

---

(1) Lettre de l'Empereur à M. de Préamenou, ministre des cultes,
31 décembre 1810.
(2) *Nomination et institution canonique des évêques*, T. CRÉPON.
Le Correspondant, 10 mars 1903, p. 857.
(3) ARTAUD, *Vie et Pontificat de Pie VII*, t. II, p. 250-269.

la paix, qu'elle restitue à Nous Notre Siège, nos ministres ; au Siège apostolique ses Etats, qui forment le patrimoine de saint Pierre et non le nôtre : aux fidèles l'inviolable droit de la libre communication avec leur père et pasteur suprême dont les prive Notre captivité ; qu'il laisse revenir sur Notre sein les cardinaux ; qu'il rende les évêques à leurs troupeaux et alors sera rétablie l'harmonie désirée. Cependant, au milieu des désastres de Notre horrible situation, Nous ne cessons de prier Dieu qui tient dans ses mains le cœur des hommes, pour celui-là même qui est l'auteur de tant de maux et Nous croirons toutes nos douleurs abondamment compensées s'il plaît au Tout-Puissant de Nous le faire voir retourné à de meilleurs conseils.....

Napoléon resta sourd à tous ces justes reproches, et son cœur endurci demeura obstinément fermé aux délicates avances de son auguste captif. Bien plus, il donnait ordre, de temps en temps, d'enlever les quelques cardinaux fidèles au Souverain Pontife, pour les reléguer dans différentes villes.

Dans une conversation que l'Empereur eut en octobre 1810 avec le sculpteur Canova, qu'il avait fait venir de Rome à Paris, il lui dit en parlant de Pie VII :

Il n'a voulu chasser ni les Russes, ni les Anglais, ni les Suédois, ni les Sardes de ses Etats, voilà pourquoi nous l'avons brisé (1.

Non, le Pape n'était pas brisé, il était simplement prisonnier et séparé de tous ses cardinaux et de tous ses conseillers. Mais il se retranchait dans sa conscience apostolique comme dans un fort inexpugnable, et à la violence outrée de Bonaparte, Pie VII commençait à opposer cette résistance passive, cette douceur obstinée, qui fut toujours sa principale arme de défense.

Bientôt le préfet du département eut ordre d'écrire au Souverain Pontife la lettre suivante, évidemment envoyée en modèle par l'Empereur lui-même (2) :

Le soussigné, d'après les ordres émanés de son Souverain, Sa Majesté Impériale et Royale, Napoléon, empereur des Français, roi d'Italie, protecteur de la Confédération du Rhin, etc., est chargé de notifier au Pape Pie VII, que *défense*

---

(1) ARTAUD, *Vie et Pontificat de Pie VII*, t. II, p. 269-288.
(2) Cette lettre est le résumé de celle que Napoléon envoya de Paris, le 6 janvier 1811, au prince Borghèse, gouverneur général des départements au-delà des Alpes.

lui est faite de communiquer avec aucune église de l'Empire, ni aucun sujet de l'Empereur, *sous peine de désobéissance de sa part et de la leur* ; qu'il cesse d'être l'organe de l'Eglise catholique, *celui qui prêche-la rébellion*, et dont *l'âme est toute de fiel* : que, puisque rien ne peut *le rendre sage*, il verra que Sa Majesté est assez *puissante* pour faire ce qu'ont fait ses prédécesseurs, *et déposer un Pape*.

Savone, le 14 janvier 1811.

Quel langage et à qui était-il adressé ? A l'homme le plus doux, le plus candide, le plus rempli de mansuétude, à un vieillard presque septuagénaire, épuisé déjà par les privations et la maladie, à son allié des premiers jours, à un Pape prisonnier et sans défense.

Enfin le voilà seul, le pauvre Pontife, livré pieds et poings liés à toutes les entreprises de son impérial et implacable adversaire, mais il lui reste sa conscience de chef de l'Eglise, contre laquelle on viendra se heurter, tant qu'on n'aura pas assez brisé le corps pour qu'on puisse asservir l'esprit.

Nous ne nous attarderons pas davantage au récit de ces trois années de captivité à Savone, et nous abordons directement l'objet de notre étude.

Napoléon, de la ville de Dresde, où il tenait une cour dont on a si bien raconté les splendeurs, donnait ordre de transporter son captif de Savone à Fontainebleau, sous prétexte que les Anglais cherchaient à l'enlever de cette ville. C'était, en réalité, pour le trouver près de lui, sous sa main, quand il reviendrait vainqueur de son expédition contre la Russie. Il pensait pouvoir opérer par lui-même, et vaincre enfin ce vieillard prisonnier, que *ses* cardinaux, *ses* évêques, ses préfets, ses gendarmes n'avaient pu réduire (1).

D'ailleurs, après son entrée, par son mariage, dans une vieille race de souverains, après la naissance de son fils, l'Empereur Napoléon, plus enivré que jamais de sa formidable puissance, n'admettait pas qu'il pût rencontrer un insurmontable obstacle dans les résistances pacifiques du chef de l'Eglise.

Aussi, le 21 mars 1812, il écrivit la lettre suivante au

____

(1) Crépon, *Nomination et institution canonique des évêques. Le Correspondant,* 10 mars 1903.

prince Borghèse, gouverneur général des départements au-delà des Alpes (1) :

Je suis à Dresde depuis deux jours avec l'Impératrice, avec l'Empereur et l'Impératrice d'Autriche, je compte y rester encore quelques jours. Toute mon armée est sur la Vistule. Les hostilités ne sont pas encore commencées. Venant d'apprendre que les vaisseaux anglais sont devant Savone, je pense qu'il est nécessaire de mettre le Pape en sûreté. En conséquence, vous chargerez le préfet et le commandant de la gendarmerie de faire partir le Pape avec ses gens dans deux bonnes voitures. Le Pape aura son médecin dans sa voiture. Les précautions seront prises pour *qu'il traverse Turin de nuit, qu'il ne s'arrête qu'au Mont-Cenis, qu'il traverse Chambéry et Lyon de nuit* et qu'il soit ainsi conduit à Fontainebleau, où les ordres sont donnés pour le recevoir. Je m'en rapporte à votre prudence et à celle du commandant de la gendarmerie. Ayez soin que la voiture du Pape soit bonne et que toutes les précautions convenables soient prises. *Il ne faut pas que le Pape voyage en habits pontificaux, mais seulement en habits ecclésiastiques*, et de manière que nulle part, excepté au Mont-Cenis, il ne puisse être reconnu. A moins d'événements, cette mesure n'est pas tellement urgente que vous ne puissiez envoyer chercher le préfet de Montenotte pour concerter d'avance avec lui ce départ. Vous transmettrez la lettre ci-jointe au duc de Lodi. Je lui écris qu'il vous envoie à Turin l'archevêque d'Edesse ; vous lui ferez connaître de ma part que vous avez une mission à lui confier, et aussitôt que vous aurez appris que le Pape sera à une poste au-delà de Turin, vous l'enverrez le rejoindre. Il se placera dans la voiture du Pape et l'accompagnera le reste de la route. Vous ferez connaître à ce prélat que la situation des affaires en Europe et la présence des Anglais devant Savone rendraient le séjour du Pape dangereux dans cette ville, qu'il faut qu'il soit placé dans le centre de l'Empire, qu'il sera reçu à Fontainebleau par les évêques de la députation, qu'il y occupera le logement qu'il a déjà habité, qu'il y verra les cardinaux qui sont en France, etc. Vous correspondrez, pour l'exécution de ces mesures, avec le ministre de la police. *Je désire que le plus grand secret soit gardé.....*

Ces instructions de Napoléon furent fidèlement observées et nous verrons que le secret ne transpira pas au dehors. Deux mois après, quand tout fut préparé, c'est-à-dire le 9 juin 1812 (2), vers cinq heures de l'après-midi,

____

(1) Dresde, 21 mars 1812. — Correspondance de Napoléon, t. XXIII, p. 417.

(2) Et non le 27 mai comme le dit T. Crépon, *Nomination et ins-*

M. de Chabrol et le commandant de gendarmerie Lagorse
se présentèrent ensemble au palais du Saint-Père. Pie VII
était en train de faire sa sieste. Ces messieurs le firent
aussitôt réveiller et lui annoncèrent qu'il fallait dans peu
d'heures partir pour la France. Le Souverain Pontife,
résigné, ne souleva aucune objection. Les deux messagers
de l'Empereur lui firent alors observer qu'il y aurait quelques inconvénients à ce qu'il voyageât avec ses habits
pontificaux et qu'il était bon qu'il les quittât : « Mais, dit
le Pape, les traits de mon visage sont familiers à tout le
monde et, de toute façon, je serai reconnu ».

Malgré cette juste remarque, le commandant Lagorse
exigea que le Saint-Père quittât ses mules blanches pour
qu'on pût en ôter la croix brodée qui les décore et qu'on
barbouillât le tout avec de l'encre, ce que Pie VII prit en
grande patience, remettant, aussitôt après cette opération,
sa chaussure encore humide (1). On coupa en même temps
avec des ciseaux le cordon qui soutenait la croix d'or que
les papes portent suspendue sur la poitrine ; on le coiffa
ensuite du chapeau d'un simple prêtre, lui permettant
d'ailleurs de se couvrir d'une espèce de surtout de couleur
grise qui lui appartenait. Ce fut dans cet accoutrement
qu'un peu avant minuit, accompagné du préfet et du
commandant de gendarmerie, Pie VII dut traverser à pied
et en grand mystère les rues de la ville pour monter hors
de Savone dans une voiture où le docteur Porta fut
admis à prendre place à ses côtés. Ordre avait été donné
aux gens de la domesticité papale de ne pas souffler mot
du départ de leur maître. Ils reçurent même pour instructions de ne pas sortir du palais et de faire leur service
comme à l'ordinaire. Pendant sept jours consécutifs, ils
continuèrent d'apporter avec apparat le dîner du Pape
dans son appartement vide et d'allumer les bougies de
l'autel auquel il était censé dire sa messe. Pour plus de
sûreté, M. de Chabrol prit la peine d'aller plusieurs fois
en grand uniforme au palais épiscopal comme s'il rendait
visite au Pape. Les habitants de Savone ne soupçon-
nèrent point un départ qui leur avait été si habilement
dissimulé (2).

Le Saint-Père fut dirigé sur Turin que l'on traversa

---

titution canonique des Evêques. Le Correspondant, 10 mars 1903,
p. 865.

(1) *Rilazione della traslazione di Pio VII nel castello di Fontainebleau*, manuscrit du British Museum, n° 8390.

(2) *L'Eglise romaine et le premier Empire, 1810-1814*, par le comte
D'HAUSSONVILLE, t. V.

pendant la nuit selon les recommandations de l'Empereur. Jusqu'à Stupinitz, près de Turin, le Pape se trouva seul dans sa voiture avec son médecin le docteur Porta. Là, l'archevêque d'Edesse, Mgr Bertazzoli, que le gouvernement avait envoyé d'avance, entra dans la voiture du Saint-Père pour ne le quitter pendant ce douloureux voyage qu'au départ du mont Cenis. Nous verrons, en effet, que Pie VII, malade en partant du mont Cenis, était seul dans sa voiture avec le docteur Porta. Mgr Bertazzoli, suivait le Souverain Pontife dans une autre berline. A la poste de Suse, la maîtresse de l'auberge, ayant reconnu le Pape et voyant qu'on l'emmenait du côté du mont Cenis, courut par des sentiers détournés pour avertir les moines de l'hospice, avant que l'humble cortège pontifical ne fût arrivé au sommet de la montagne. Un grand trouble vint toutefois contrecarrer les mesures prises par le commandant Lagorse. En peu d'heures le Saint-Père, qui souffrait d'une indisposition due à son âge et à laquelle une allure si rapide et si fatigante ne pouvait qu'être funeste, était tombé tout à coup fort dangereusement malade. Les douleurs dont Pie VII se plaignait étaient atroces et mettaient évidemment sa vie en péril. Lorsque la voiture du Pape s'arrêta vers deux ou trois heures du matin, le vendredi 12 juin, à la porte du triste couvent qu'entourent en tout temps des neiges éternelles, ce fut avec effroi que les religieux en virent descendre à grand'peine le vicaire du Christ à moitié agonisant et si faible qu'ils purent le croire un instant destiné à venir terminer dans ces lieux désolés sa longue et pénible carrière.

Le capitaine Lagorse était au comble de l'anxiété. Que résoudre? Il écrivit à Turin. Ordre en revint de continuer la route. Cela était de toute impossibilité si l'on ne voulait risquer de voir le Saint-Père périr sur les chemins. M. Lagorse prit un autre parti. Il envoya un estafette chercher, à Lans-le-Bourg, un chirurgien auquel ordre était donné d'arriver en toute hâte et d'apporter avec lui tous les instruments nécessaires. Peu d'heures après, le chirurgien Claraz était effectivement rendu à l'hospice.

Voici, textuellement, une partie de la relation de ce docteur qui accompagna Pie VII jusqu'à Fontainebleau (1) :

« ...Je n'étais pas à l'hospice quand le Saint-Père y

---

(1) Cette relation a déjà été publiée par M. le comte D'HAUSSONVILLE: *L'Église romaine et le premier Empire, 1810-1814*, t. V. Pièces justificatives.

arriva, je ne sais conséquemment point comme il était habillé, mais l'on m'a dit qu'il l'était de noir ; il descendit au couvent, où il fut reçu par les religieux qui s'y trouvaient, ou plutôt par D. Dominique Dubois, procureur de l'hospice, qui le logea dans la chambre spécialement réservée à Napoléon. A l'arrivée du Saint-Père, toute la gendarmerie de la garnison fut mise sur pied par ordre du capitaine Lagorse ; toutes les maisons des propriétaires, les refuges et même l'hospice furent exactement visités ; tout ce qui était étranger, même les voyageurs logés à l'hospice, furent obligés d'évacuer de suite le mont Cenis, et de se retirer à Suse ou à Lans-le-Bourg ; les cantonniers seuls et les habitants naturels du mont Cenis furent dispensés de s'éloigner, mais ils durent rester consignés et confinés dans leurs habitations.

» Quinze jours avant tout ce mouvement, deux officiers de la gendarmerie, nommés Allouen et Garbet, s'étaient rendus, par ordre du ministre de la police, le premier à l'hospice du mont Cenis, où il mangeait, et le second à Lans-le-Bourg. L'un et l'autre gardèrent le plus grand silence et un secret impénétrable sur l'objet de leur mission, jusqu'à l'arrivée du Saint-Père au mont Cenis, qui fut dès lors fermé sur tous les points et muni de gardes ; toute communication y fut interceptée pendant quatre jours, sauf pour les estafettes et les courriers de qui on ne pouvait rien savoir, parce qu'ils ne savaient rien eux-mêmes sur la cause de ces précautions bizarres.

» M. Gabet, abbé de l'hospice du mont Cenis, se trouvait à son couvent de Suse lorsque sa Sainteté y passa, et sur l'avis qui lui fut donné de cet événement par la femme d'un aubergiste, qui reconnut le Saint-Père malgré son travestissement forcé, M. l'abbé partit sans hésiter pour se rendre à l'hospice du mont Cenis pour l'y recevoir lui-même ; mais la précipitation avec laquelle le Saint-Père était conduit, et toutes les entraves que cet abbé rencontra de la part des gendarmes déguisés qui l'arrêtaient à tous les pas pour savoir qui il était et où il allait, le mirent dans le cas de ne pouvoir arriver à l'hospice qu'avec beaucoup de peine, et deux heures après Sa Sainteté.

» Cependant le Saint-Père souffrait sans relâche les douleurs les plus aiguës, malgré tous les soins que lui donnait son habile médecin ; le capitaine Lagorse, croyant que Sa Sainteté serait plutôt guérie par le moyen de la sonde, demanda aux religieux s'il n'y avait point de chirurgien à l'hospice, et comme j'étais le leur dans le besoin, D. Dubois me proposa, et aussitôt on dépêcha

un cantonnier, qui m'apporta une lettre signée et conçue
en ces termes :

« Prenez la poste, rendez-vous de suite au mont
» Cenis, et muni de vos sondes pour une opération ;
» c'est un cas très urgent ».

» Je partis à la hâte, et à l'aide d'un excellent cheval
qu'on m'avait donné à la poste de Lans-le-Bourg, je fis les
trois lieues dans moins d'une heure. Après être descendu
de cheval à l'hospice du mont Cenis, où chacun se regar-
dait sans oser rien dire, D. Dubois m'introduisit dans la
chambre du capitaine Lagorse, qui me demanda si j'avais
apporté mes sondes, et lui ayant répondu que oui :
« Eh bien, ajouta-t-il, asseyez-vous. Voulez-vous, conti-
» nua-t-il, voir un malade, je ne vous dis pas qui il est,
» vous le connaîtrez ; mais si vous venez à le publier,
» tremblez... Il y va de votre liberté et peut-être de votre
» vie ».

» De telles menaces ne m'effrayèrent point, bien
certain qu'il ne viendrait jamais à bout de me faire
trahir mon devoir ni ma confiance. Sur ces entrefaites,
Mr le médecin de Sa Sainteté entra, il me fit le rapport
de la maladie du Saint-Père. Nous tombâmes bien
d'accord, Mr le docteur et moi, sur la cause de cette
maladie et les suites funestes qu'elle pourrait avoir. Le
capitaine nous ayant donné ordre de visiter Sa Sainteté,
nous obéîmes sans hésiter ; je reconnus d'abord le
successeur de saint Pierre à son aspect vénérable : il
était pâle comme un mourant ; il avait la fièvre et souffrait
des douleurs continuelles sans pouvoir dormir...
» Après notre visite, nous rentrâmes, Mr Porta et moi,
dans la chambre du capitaine à qui je fis la relation de
ce que j'avais observé et le détail des remèdes comme du
régime qu'il fallait employer pour la guérison de Sa
Sainteté. Le capitaine insista sur l'opération de la sonde
comme remède plus expéditif et, toujours bien d'accord
avec M. Porta, je redoublai de courage pour m'y
opposer, en lui observant que le repos joint aux remèdes
employés suffisait pour obtenir la guérison de Sa Sainteté.
Le capitaine me répondit que ses ordres étaient rigoureux
et pressants, et qu'il ne pouvait pas s'arrêter davantage.
Je lui répliquai que, dans cet état, il ne conduirait pas
le Saint-Père bien loin, et, qu'indubitablement, il périrait
en route. M. Lagorse parut très inquiet de mon observation, et il ne fut plus question de partir le dimanche. Sa
Sainteté passa une nuit moins souffrante. Elle sommeilla
par intervalles... Je vis le Saint-Père le lundi de bonne

heure, et je le trouvai bien plus tranquille : j'en fis ma relation au capitaine qui parut en être content ; il me demanda si je croyais que le Saint-Père fût en état de partir ; je lui répondis que le danger était moindre, mais qu'en se mettant en route, tous les symptômes alarmants pourraient reparaître sans qu'il fût peut-être alors possible d'y apporter remède.

» Le capitaine me demanda ensuite s'il n'y avait point de précautions à prendre pour éviter le danger dont je lui parlais. J'insistai encore sur le repos : il me répéta alors qu'il lui était impossible de séjourner plus longtemps. À cette sentence, si cruelle pour Sa Sainteté et si pénible pour mon cœur, je dis avec émotion au capitaine que, puisqu'il voulait absolument partir, il lui fallait avoir : 1° un chirurgien avec les instruments de son art, pour secourir Sa Sainteté dans le besoin. Aussitôt il me dit d'un ton sévère : « Vous me suivrez ». Je reçus cet ordre avec autant de plaisir que d'empressement dans l'espoir de pouvoir être utile à Sa Sainteté en cas de besoin.

» Ensuite je proposai de voir si la voiture était assez spacieuse pour y arranger un petit lit. Le capitaine se rendit aussitôt avec moi dans la remise, et il trouva que la voiture était susceptible de contenir ce petit lit de douleur. Mais il manquait un matelas, et les religieux donnèrent des coussins, des draps, une petite couverte et un couvre-pieds duveteux. Après ce court préparatif, il fut convenu que nous partirions le lundi au soir 15 juin. Il me fut expressément défendu de le dire au Saint-Père ; mais, transgressant volontiers ces ordres barbares, j'en avertis M. Bertalozzi *(sic)*. Le Saint-Père avait fait célébrer le saint sacrifice de la messe par son aumônier, dans son antichambre, sur une table préparée en forme d'autel par M. l'abbé Gabet, qui, seul, avait eu la permission de voir Sa Sainteté et fournit les ornements nécessaires. Le samedi, le dimanche et le lundi le Saint-Père se prépara à ce pénible voyage ; il communia ce dernier jour, en forme de viatique, avec cette ferveur qui distingue et caractérise les âmes justes. Enfin, Sa Sainteté avait fait le sacrifice de sa vie avec une résignation telle qu'elle n'aurait pu montrer plus de sérénité de visage et d'esprit, si elle eût été conduite le même jour en triomphe à Rome.

» La journée se passa très tranquillement. Tout était prêt : les ordres étaient donnés ; toute la gendarmerie de la garnison était sur pied, tous les habitants étaient retirés ; on ne voyait aucune lumière (parce que le crime et la turpitude cherchent toujours les ténèbres). Les chevaux étaient attelés à la voiture, mais, hélas ! le Saint-Père n'était pas encore habillé. O déchirant souvenir !... Son valet de chambre, son médecin et M. Bertalozzi le descendent de son lit, si faible que ses jambes ne pouvaient plus le soutenir. J'entrai dans la chambre de Sa Sainteté : on lui avait mis ses caleçons ; j'aidai à lui mettre ses bas. Tout était empaqueté ; la nuit était très froide et le Saint-Père n'avait point de gilet ; il fallait descendre dans la rue presque en bras de chemise. A l'instant, je courus prendre chez le père Dominique un gilet neuf tricoté, et j'en habillai le Saint-Père. On lui mit ensuite un froc de couleur grise sur les épaules et c'est dans cet équipage que les deux officiers de gendarmerie le conduisirent à sa voiture. Sa Sainteté se coucha dans le lit de misère et de douleur qui y avait été préparé ; M. Porta se plaça à ses côtés et nous partîmes sans autre consolation que l'assurance d'emporter les regrets de toutes les personnes marquantes du mont Cenis et du canton de Lans-le-Bourg, principalement de n'avoir pu offrir à Sa Sainteté le tribut de leur amour et de leurs hommages les plus respectueux, et lui exprimer leurs vives doléances sur les procédés barbares dont on usait envers Sa Sainteté ; car toutes les précautions que l'on avait prises pour laisser ignorer au public son arrivée et sa détention au mont Cenis n'avaient fait que confirmer les premiers bruits qui s'étaient répandus. Et qui aurait dit que toutes ces mesures extraordinaires étaient employées à l'égard d'un seul homme sans armes, sans secours et à demi mort !.....

» Depuis son départ du mont Cenis, le lundi 15 juin, à dix heures du soir, le Saint-Père n'est plus descendu de sa voiture jusqu'à Fontainebleau (1). Notre première station se fit dans un mauvais cabaret, à Saint-Julien. On y prépara du chocolat pour le Saint-Père ; il le prit, et un verre d'eau fraîche ensuite. Les deux officiers de gendarmerie ne nous quittaient pas d'un pas ; personne ne pouvait approcher de la voiture. Je demandai au Saint-Père comment il se trouvait après cette première course ; il me répondit qu'il ne se sentait pas plus mal, et M. Porta avait observé qu'il avait même reposé par intervalles. Depuis ce moment je ne désespérai plus de pouvoir l'accompagner en vie à Fontainebleau. Rien de

---

(1) Cette assertion ne doit pas être prise à la lettre. Nous verrons plus loin l'arrêt de Pie VII à Tronsanges.

remarquable ne se passa depuis lors. Nous arrivâmes à Chambéry à dix heures du soir, car le capitaine Lagorse avait la précaution de ne jamais entrer dans les grandes villes que de nuit ; et s'il faisait encore jour quand on en approchait, il donnait ordre aux postillons de n'aller qu'au petit pas (1).

» Dans toutes les villes où il y avait des gendarmes, ils ne manquaient point de se trouver aux lieux de poste avec leurs sabres et leurs habits d'uniforme. Arrivés à Coux, la première poste après Chambéry, M. Porta se trouvant extrêmement fatigué, le capitaine me fit prendre sa place ; j'en demandai la permission à Sa Sainteté, qui me l'accorda avec bonté, et, depuis cet heureux moment, j'eus le bonheur d'être à ses côtés et de faire tout ce qui pouvait dépendre de moi pour lui épargner des souffrances. Au moindre signe, je faisais arrêter les chevaux, je le relevais..., j'arrangeais du mieux possible son pauvre lit. J'avais soin d'ouvrir les glaces de la voiture pour donner de l'air ; je me munissais d'une bouteille d'eau fraîche que je changeais à toutes les postes. Un peu de sirop de violettes avec de l'eau était la boisson du Saint-Père ; il avait, dans la voiture, une petite bouteille d'alkermès ; je le priai d'en prendre quelques gouttes, ce qu'il fit ; et je vis avec plaisir que cette liqueur bienfaisante lui relevait un peu les forces.

» Le bruit du passage du Saint-Père s'était répandu dans tous les villages sur la route, et nous y rencontrions une affluence de monde. A La Tour-du-Pin, une femme assez hardie porta une main à la portière et l'autre au rideau de la glace, et le déchira involontairement à un coin. A Bron, les habitants se sont également rassemblés, et entre autres un prêtre avec son surplis et une femme habillée en religieuse qui tenait sur un bras un enfant et de l'autre un crucifix. Je descendis un instant de la voiture, et on saisit le moment où j'y remontais pour y jeter un bouquet de roses que je présentai au Saint-Père, qui le reçut avec plaisir.

» On avait donné des ordres particuliers et plus rigoureux pour entrer à Lyon, parce que le capitaine craignait cette ville, et il avait raison ; car, à mon retour et quand l'on a su que le Saint-Père y était passé, et malade, les habitants de cette ville s'écrièrent unanime-

---

(1) Le commandant Lagorse ne faisait qu'observer en cela les ordres de l'Empereur. On se rappelle la lettre de Napoléon, datée de Dresde et que nous avons donnée ci-dessus.

ment, pour témoigner leur regret : « Si nous l'avions » su, nous ne l'aurions pas laissé aller plus loin ! ». Avant d'entrer à Lyon, le capitaine descendit de sa voiture et monta sur le siège avec Hilaire, valet de chambre de Sa Sainteté ; il donna ordre aux postillons d'aller aussi rapidement qu'ils le pouvaient, et de sortir de Lyon pendant que la voiture de Mgr l'Archevêque et celle des deux officiers de la gendarmerie allaient relayer à la poste. Le passage de Lyon fut douloureux pour le Saint-Père, le pavé qui était inégal, joint à la rapidité avec laquelle l'on faisait aller les chevaux, occasionna un cahotage affreux. Je fus obligé de tenir avec une main la tête du Saint-Père pour lui éviter les contre-coups de la voiture, et je lui mis l'autre sur l'estomac. Quand nous eûmes traversé Lyon, et lorsque les chevaux s'arrêtèrent, Sa Sainteté me demanda si ce chemin était fini. Je lui répondis affirmativement, et alors le Saint-Père prononça ces paroles remarquables, qui resteront gravées pour toujours dans mon souvenir : « Que Dieu » lui pardonne, car pour moi je lui ai déjà pardonné !...» Le commissaire de police de Lyon avait eu l'attention d'envoyer un petit panier de provisions ; il s'y trouva, entre autres choses, des pommes et des oranges. Je mis dans la voiture quelques pommes, que le Saint-Père suçait avec la pelure, faute de couteau.

» Dans tout ce voyage l'on ne s'arrêtait ordinairement qu'à neuf ou dix heures du matin, et, dans la première maison qui se présentait sur la route, l'on y faisait du chocolat pour le Saint-Père ; et, jusqu'à onze heures du soir, il fallait se condamner au jeûne. On mettait une petite bougie éclairée dans la voiture du Saint-Père ; on lui donnait un œuf et un bouillon quand il s'en trouvait. Toutes les portes des maisons où l'on s'arrêtait étaient fermées soigneusement ; il y avait peu de monde pour servir ; tout se faisait pour ainsi dire dans l'obscurité des ténèbres et sans bruit ; nous ne mangions un morceau qu'à la hâte et il fallait continuer notre marche ».

Interrompons un peu la relation du chirurgien Claraz, pour voir le chemin parcouru pendant ces quatre jours et ces quatre nuits d'un voyage douloureux, sans aucun arrêt et par une chaleur étouffante du mois de juin.

La distance de l'hospice du mont Cenis jusqu'à Chambéry, en passant par Saint-Jean-de-Maurienne, Montgilbert et Montmélian, est d'environ 100 kilomètres. Elle fut franchie en vingt-quatre heures, du lundi soir dix heures, au mardi soir dix heures.

De Chambéry à Lyon, en passant par les Echelles, Pont-de-Beauvoisin et La Tour-du-Pin, il y a près de 120 kilomètres, on les parcourut du mardi dix heures du soir au mercredi dans la nuit. Après avoir traversé Lyon la nuit, le Saint-Père voyagea toute la journée du jeudi en passant par Roanne, Lapalisse et Moulins.

Nous ignorons quelle ville on traversa cette quatrième nuit. On arriva probablement à Lapalisse, distante de Lyon d'environ 137 kilomètres, vers onze heures du soir, et à Moulins sur Allier, éloigné de 50 kilomètres, vers six heures du matin (1).

Quoi qu'il en soit, il était une heure de l'après-midi quand le douloureux cortège approcha de Nevers. Déjà les voyageurs, fatigués par ces quatre jours et quatre nuits d'une course ininterrompue et rapide, pouvaient apercevoir au loin, de la route de Lyon, cette ville pittoresque, dont les maisons, bâties en amphithéâtre depuis les bords de la Loire jusqu'au pied de la cathédrale Saint-Cyr, qui les domine majestueusement, semblent s'être groupées à plaisir autour de ce dôme imposant.

Cependant la berline pontificale avance rapidement et traverse les ponts de Loire. Aucune députation ne vient, cette fois, à la rencontre du Saint-Père. Les rues sont désertes, le canon est muet, les cloches se taisent, un silence profond règne partout.

La voiture papale parcourt seule la rue Saint-Genest, où avaient passé, le 23 novembre 1804, les quatre-vingt-dix-huit chevaux du cortège pontifical, la garde noble nivernaise à cheval, les nombreuses députations en grande tenue et cette immense multitude de fidèles, accourus de la ville et des environs pour escorter Pie VII et recevoir la bénédiction apostolique.

Aujourd'hui, quelques rares curieux regardent d'un œil indifférent cette lourde berline traînée par six chevaux, sans se douter que ce même Pontife, qu'ils ont acclamé avec tant d'enthousiasme huit ans auparavant, est maintenant enfermé à clé dans cette voiture et conduit comme un criminel d'Etat jusqu'à Fontainebleau (2).

---

(1) Ces renseignements kilométriques m'ont été fournis par mon ancien élève et ami M. Henry de la Motte Saint-Pierre, membre du Touring-Club et de l'A. G. A. Pour plus de détails, consulter l'*Annuaire des Postes* de 1810, on y trouvera les noms des localités, des relais et le nombre de postes avec la distance en lieues.

(2) Mgr Crosnier dit dans son *Tableau chronologique de l'histoire du Nivernais et du Donziais* : « En 1812, le cardinal Pacca traverse Nevers le 15 juin, et va coucher à La Charité-sur-Loire ; il précé-

Pie VII, souffrant et exténué de fatigue, est à moitié assoupi sur son lit de douleur. L'archevêque d'Edesse, Mgr Bertazzoli, son aumônier, le suit dans une autre voiture. Il avait été témoin de la réception enthousiaste de 1804 ; sans doute, il dut évoquer alors tristement et en silence les souvenirs déjà lointains de cette entrée triomphale dans la ville de Nevers. Quel contraste aussi pour lui !

Il avait vu, le 23 novembre, les rues pavoisées, toute la ville se porter à la rencontre du Saint-Père : le clergé, les autorités civiles et militaires le complimenter et l'acclamer, la foule, agenouillée sur le passage du Pontife, recevoir avec recueillement la bénédiction papale, la garde nationale présenter les armes et escorter Pie VII à travers la ville, la 13e légion de gendarmerie mobilisée tant pour venir le saluer que pour veiller au bon ordre de cette marche triomphale.

Aujourd'hui, trois officiers de gendarmerie forment tout le cortège du Pape, mais un cortège lugubre ; ils le suivent de près dans une autre voiture pour le surveiller comme un malfaiteur dangereux et l'emmener le plus vite possible, sans le laisser reconnaître par les populations chrétiennes.

Le maître avait parlé. Napoléon avait ordonné aux officiers de gendarmerie qui conduisaient le Souverain Pontife de traverser rapidement les villes, de passer la nuit dans les grandes cités, de ne s'arrêter nulle part, pour ne pas attirer l'attention des fidèles sur l'auguste captif.

Les officiers exécutèrent brutalement les ordres de l'Empereur. Personne à Nevers ne soupçonna, en voyant passer cette grande berline, que le Saint-Père le Pape traversait la ville une seconde fois.

---

dait le Pape Pie VII. Quelques jours après, Pie VII passait à Nevers *incognito*, et s'arrêtait à Barbeloup, paroisse de Trousanges, pour prendre un peu de nourriture ».

C'est une erreur. Le cardinal Pacca est passé à Nevers huit mois plus tard. Nous avons vu qu'il avait été enfermé à Fenestrelle. Or il dit lui-même dans ses Mémoires, tome I, p. 388 : « Le 5 février 1813, après trois ans et demi de détention, je partis pour Fontainebleau ». Ensuite, il raconte rapidement son voyage, où nous lisons, page 19 : « Le 15, je couchai à Moulins, capitale du Bourbonnais, et le 16 à La Charité, petite ville agréablement située sur la Loire. Là, en lisant la *Gazette de France*, arrivée le matin, j'acquis la cruelle certitude de l'existence des articles du Concordat, dont on m'avait parlé à Lyon. Le 17, je couchai à Montargis, et le lendemain matin j'arrivai à Fontainebleau ». C'est donc le 16 février 1813, dans l'après-midi, que le cardinal Pacca passa à Nevers, et non le **15 juin 1812**.

Ah ! si les fidèles nivernais avaient reconnu le Souverain Pontife, nul doute qu'ils ne se fussent précipités à la tête des chevaux pour essayer, comme les Piémontais, de le délivrer.

La voiture papale, après avoir passé inaperçue et rapidement à travers la ville de Nevers, se dirige du côté de Pougues-les-Eaux.

CHAPITRE IV

Arrêt et collation de Pie VII à Barbeloup

Barbeloup est un petit village de Tronsanges. Il est situé à 5 kilomètres de Pougues-les-Eaux et à 8 de La Charité-sur-Loire. La distance de Nevers à ce hameau est d'environ 16 kilomètres, et il n'a pas fallu moins d'une heure et demie pour la franchir, à cause de la montagne de Pougues qui est escarpée et longue de près de 3.000 mètres.

Il était donc trois heures du soir environ, lorsque se passa la scène que je tiens de mon grand père, un des acteurs de ce drame, que je vais essayer de raconter. Je demande au lecteur la permission de reproduire le plus fidèlement possible, et avec sa saveur de terroir, ce touchant récit, telqu'il m'a été conté bien des fois par mes grands parents (1).

---

(1) Voici ce qu'on trouve dans le *Bulletin de la Société nivernaise*, 2ᵉ série, tome II, pages 402-403, sur le passage de Pie VII, à Tronsanges :

« *Séance du 10 janvier 1866.*

Un membre fait observer qu'il y a une lacune dans le procès-verbal de mars ou d'avril 1865. Dans une de ces deux séances, il avait été question d'une souscription qui avait été ouverte par l'administration municipale de la commune de Tronsanges, à l'effet d'ériger une croix ou un petit monument à l'endroit même où Pie VII, traversant le département de la Nièvre, s'était arrêté quelques instants, sur cette commune, à l'ombre d'un arbre, pour prendre quelques rafraîchissements. L'arbre avait été détruit, et, dans le désir de conserver la mémoire de ce fait qui n'est pas sans intérêt pour notre pays, on élèverait une croix sur l'emplacement même occupé jadis par l'arbre en question. La Société, à l'unanimité, a voté 100 fr. pour sa souscription à ce monument.

M. le Président fait remarquer que l'observation présentée est exacte, qu'on a réellement oublié, dans le procès-verbal de l'époque, d'entrer dans aucun détail à ce sujet : il ajoute même qu'à cette occasion il y avait eu une discussion ayant pour but de découvrir l'époque précise du voyage de Pie VII. Ce Souverain Pontifé a traversé deux fois notre département : la première fois au mois de

Le vendredi 19 juin, dans la matinée, il était arrivé à Barbeloup, conduits par plusieurs postillons, une dizaine de chevaux qu'on avait logés avec peine dans les écuries trop étroites de ce demi-relais (1).

Le mystère le plus profond régnait sur cette arrivée soudaine et inaccoutumée d'un tel renfort de chevaux.

Or, ce jour-là, mon grand père Jean Meunier (2), alors âgé de douze ans, était employé comme ouvrier maréchal dans l'atelier de forgeron du père Colin, situé près de la route nationale de Lyon à Paris, lorsqu'il entendit le roulement bruyant de plusieurs voitures et les pas précipités de chevaux qui s'avançaient rapidement. Poussé par la curiosité, il sort aussitôt et aperçoit une grande berline attelée de six chevaux de poste et deux autres voitures qui suivaient à quelque distance. Les trois attelages s'arrêtèrent en face de l'unique habitation qui se

---

novembre 1804, quand il allait à Paris pour le sacre de Napoléon Ier; la seconde fois au mois de juin 1812, lorsque le Saint-Père, parti de Savone, se rendait à Fontainebleau. Des chevaux de poste avaient été conduits jusqu'à Barbeloup, car Pie VII devait traverser La Charité sans s'arrêter, même pour relayer. D'après les renseignements pris sur place, on eut besoin de ferrer un des chevaux et, pendant cette opération, le Saint-Père serait descendu sous le cerisier de Barbeloup. Ce fut alors que la femme du maréchal, sans doute sans le connaître, lui offrit une tasse de lait que l'auguste voyageur accepta avec reconnaissance. On comprend, par toutes ces circonstances, qu'il ne peut s'agir ici du voyage fait au mois de novembre, époque à laquelle on n'est pas tenté de se reposer à l'ombre d'un arbre et de se rafraîchir avec une tasse de lait ; il faut donc, et c'est l'avis de notre savant collègue M. l'abbé Millet, qui a enregistré tous ces détails, rattacher ce fait au voyage de juin 1812.

▪ Il a été décidé que l'omission signalée serait réparée par l'insertion au *Bulletin* de ces observations ».

(1) Il y avait à cette époque une demi-poste à Barbeloup, c'est-à-dire un arrêt entre les deux postes de La Charité et de Pougues. On y prenait des voyageurs et on pouvait au besoin trouver quelques chevaux. Cette ancienne maison existe encore aujourd'hui, elle est située à 300 mètres environ de la Croix du Pape. Barbeloup est indiqué comme demi-poste dans une carte de l'empire allemand : *Neue und vollstaendige Postkarte durch ganz Deutschland und die angraenzenden Theile der benachbarten Laender, in Nurnberg 1786.* De plus, voir l'*Etat général des postes de 1812*, à la route de Paris, Nevers et le Bourbonnais.

(2) Mon arrière-grand père s'appelait Müller et était né en Autriche. Il entra en France avec le duc de Brunswick et fut fait prisonnier par Kellermann à la bataille de Valmy, 20 septembre 1792. Rendu à la liberté quelque temps après, il resta en France et vint s'établir d'abord à Chaulgnes, à 5 kilomètres de Tronsanges, puis à Barbeloup. En 1814 et en 1815, lors de l'invasion des Alliés, il rendit, comme interprète, de grands services à la région et empêcha les Autrichiens de mettre le feu aux villages. Il se fit naturaliser et changea son nom de *Müller* en celui de *Meunier*, qui en est la traduction.

trouvait alors à cet endroit. C'était la maison de mon arrière-grand'mère. Cette ancienne habitation a été respectée. Elle existe encore aujourd'hui, extérieurement du moins, dans le même état. Un des chevaux de poste avait besoin d'être ferré et on profita de cette circonstance fortuite pour laisser reposer le Saint-Père qui n'était pas sorti de sa voiture depuis le mont Cenis.

Un valet, qui était assis sur le siège à côté du postillon, descend de la première voiture, se dirige vers mon grand père et lui demande une tasse de lait et deux œufs. En même temps, un monsieur décoré de la Légion d'honneur sort du dernier carrosse. Deux autres personnages l'accompagnent, qui paraissent être des officiers de gendarmerie. Ils viennent ouvrir les portes fermées à clé de la première voiture. Il en descendit d'abord un monsieur, puis un ecclésiastique autour duquel chacun s'empresse. Il était d'une pâleur et d'une maigreur extrêmes, et paraissait fort âgé et très fatigué. Un autre ecclésiastique moins vieux et plus valide sort du second carrosse.

La chaleur était excessive et il n'y avait point d'ombre sur la route, car les arbres magnifiques qui la bordent aujourd'hui ont été plantés bien longtemps après 1812. Il est vrai que, depuis Louis XV, des arbres avaient été plantés sur le bord des grandes routes, mais ils avaient disparu en 1812, du moins sur cette partie de la route nationale de Lyon à Paris, et n'avaient point encore été remplacés. Toutefois, près du chemin se trouvait un superbe cerisier très gros et chargé de fruits déjà mûrs. Cet arbre touffu projetait sur la chaussée de gauche de la route une ombre bienfaisante. En quelques minutes des sièges sont improvisés sur le gazon, et c'est là qu'allèrent s'asseoir les deux ecclésiastiques autour desquels s'empressaient les autres voyageurs.

Pendant ce temps, mon grand père était allé prévenir Mme Colin qui devait être sa belle-mère dix-huit mois plus tard (1) et demander les œufs et le lait. Mais déjà la femme du maréchal, connue dans le pays sous le nom de Charlette Boisson, au bruit des voitures et des chevaux, était sortie sur le seuil de sa maison, voisine de

---

(1) Charlette Boisson perdit son mari, le père Colin, six mois après le passage du Pape, le 19 décembre 1812. (Archives de Tronsanges. Décès 1793 à 1812). D'un autre côté, mon arrière-grand père, Pierre Meunier, perdit sa femme, Marie Bachelier, deux mois après, le 18 février 1813. Il épousa en secondes noces, le 13 janvier 1814, Charlette Boisson. (Archives de Chaulgnes).

l'atelier de son mari. En voyant tous ces personnages et surtout les trois officiers de gendarmerie, elle fut tellement effrayée qu'elle s'enfuit derrière sa demeure pour aller trouver une voisine qui habitait à deux ou trois cents mètres. C'était Mme Daguin, son amie (1). Tout essoufflée, elle la pria de venir aussitôt avec elle. « Des gendarmes, dit-elle, se sont arrêtés devant ma porte. Ils accompagnent deux ecclésiastiques. On me demande du lait et des œufs. Je vois que ces voyageurs sont de grands personnages et je ne sais comment m'y prendre pour les servir. Vous êtes plus au courant des convenances que moi. Venez vite m'aider dans ce service. ». Charlette Boisson, enhardie un peu par la présence de son amie, retourne avec elle dans sa maison pour préparer ce que le valet avait demandé. Tout ceci se passa en moins de dix minutes.

Cependant, les voyageurs s'étaient assis sur le bord de la route, à l'ombre hospitalière du cerisier chargé de ses fruits mûrs. Une chaleur tropicale régnait partout. C'était une de ces étouffantes journées de juin. Les postillons avaient dételé leurs chevaux, haletants et couverts de sueur, pour les remplacer par les recrues fraîches arrivées le matin même. D'après les ordres de l'Empereur, on devait traverser La Charité et toutes les villes sans s'arrêter, même pour relayer. Les officiers de gendarmerie, formant l'escorte de Pie VII, allèrent s'attabler dans la maison voisine, qui servait à la fois d'auberge et de relais de poste, où ils se rafraîchirent copieusement. Ils n'avaient pas à redouter, en faveur de leur illustre prisonnnier, une manifestation bruyante ou un soulèvement populaire, dans un hameau qui ne comptait alors que trois maisons.

Les deux ecclésiastiques, assis sous le cerisier, s'épongeaient en s'entretenant à voix basse. Quoiqu'ils fussent très fatigués, on sentait qu'ils étaient heureux de se voir et de parler. On eût dit deux amis, séparés depuis bien des années et étonnés de se retrouver. Ces personnages paraissaient avoir déjà fourni une longue route, et être restés longtemps enfermés dans leur voiture. Ils respiraient à pleins poumons l'air pur de cette campagne solitaire et prenaient plaisir à jouir de la nature, comme s'ils en avaient été privés depuis plusieurs jours. Ils admiraient sans se lasser le panorama magnifique qui s'offrait à leurs regards émerveillés.

---

(1) Mme Truchet, de Pougues, est une des petites-filles de Mme Daguin.

Le spectacle était en effet ravissant pour des voyageurs qui n'étaient pas descendus de voiture pendant quatre jours et quatre nuits. La route nationale de Lyon à Paris passe à cet endroit dans un pays pittoresque et accidenté. A gauche, s'étendent de verdoyantes prairies, que traverse aujourd'hui la voie ferrée de Paris à Lyon, par le Bourbonnais, plus loin, des coteaux plantés d'arbres fruitiers de toutes sortes. La Loire promène ses eaux de ce côté, à quelques kilomètres, mais les bocages du vallon et les accidents de terrain empêchent de voir le ruban argenté de son cours se dérouler à travers la plaine. A droite, se trouve une vallée couverte de blés et de seigles encore verts, dont les épis déjà formés se balancent mollement sous la chaude haleine du vent du midi. Au-delà, se dessinent les montagnes de Mimont et des Coques, couronnées de forêts dont la sombre verdure se détache au loin dans l'azur des cieux. Les flancs escarpés de ces fertiles collines sont plantés de vignes vigoureuses qui enveloppent déjà de leurs ceps couverts de feuilles leurs échalas tutélaires. Derrière les voyageurs se dresse la montagne de Pougues, qu'ils viennent de franchir; à mi-côte, quelques villages disséminés dans des bosquets touffus, puis, des maisons isolées qui décorent l'horizon de leurs blanches silhouettes.

Pendant que les ecclésiastiques fatigués admiraient ce charmant paysage, encadré de coteaux fleuris, et qu'ils respiraient à pleins poumons l'air embaumé de cette pittoresque campagne, deux valets avaient sorti, d'une caisse qui se trouvait dans la première voiture, une belle vaisselle dorée. On improvise une table, et les domestiques, vigilants et respectueux, s'empressent de servir un des ecclésiastiques, le plus âgé, qui paraissait être un grand personnage.

Quand le vieillard eut terminé son frugal repas, il fit approcher l'enfant, qui était mon grand père, et lui dit en français: « Quel âge avez-vous ? ». — « Douze ans, répond l'enfant ». — « Tiens, reprit le vieillard, voilà en souvenir du passage du Pape ». Et mon grand père reçut 0 fr. 60, autant de sous qu'il avait d'années.

En entendant ces mots, le père Colin, sa femme, mon grand père et Mme Daguin, se précipitent aux pieds du Souverain Pontife et lui demandent en pleurant sa bénédiction. Le Saint-Père les bénit tous avec une grande effusion, puis tendant la main vers mon arrière-grand'mère il lui remit 14 fr. en lui disant : « Ce que vous avez fait au vicaire de Jésus-Christ, Dieu vous le rendra ».

L'émotion de ces braves campagnards fut si grande

qu'ils eurent peine à en croire leurs yeux. C'était Pie VII,
ce même Pontife dont ils avaient entendu vaguement
raconter la réception pompeuse à Paris, lors du couronnement de l'Empereur Napoléon, en 1804. D'ailleurs, il y
a huit ans, le 23 novembre, vers trois heures du soir, ils
se rappelaient avoir vu défiler le brillant cortège qui
accompagnait le Saint-Père. Des cavaliers, sabre au poing,
des équipages magnifiques, des berlines dorées et d'autres
voitures de toutes sortes, précédaient et suivaient Pie VII
dans sa marche triomphale. Aujourd'hui, ce même Pontife voyage presque seul, souffrant et manquant de tout.
Il est revêtu d'une soutane noire comme un simple prêtre,
au lieu de la soutane blanche que portent les papes, et
des gendarmes impitoyables le suivent de près. Quel
changement! Les habitants de Barbeloup ne comprenaient
rien à la scène dont ils venaient d'être les témoins. Il leur
semblait qu'ils avaient été le jouet d'un rêve. Mais qui
eût pu reconnaître, sous ce déguisement forcé, le chef de
la Sainte Eglise.

Le lecteur comparera, pour s'en convaincre, les deux
similigravures de Pie VII : l'une représente ce Pape aux
premières années de son règne, quelque temps avant le
voyage de 1804 (1). Sa figure encore jeune, vive et douce,
exprime à la fois la candeur et la ténacité. Un regard fin
et pénétrant anime ce visage rempli de grâce où respire
une tendre piété. L'autre nous montre ce même Pontife,
quelques années après 1812 (2). Ses yeux grands et caves,
ses rides profondes, ses joues creuses, sa face amaigrie,
tout dans cette physionomie indique la souffrance et les
privations. La captivité de Pie VII à Savone et à Fontainebleau a tellement altéré les traits de son auguste visage,

---

(1) Cette similigravure (page 5), a été exécutée d'après une photographie faite par M. Guérot, photographe à Nevers, sur une
miniature qui appartient à l'auteur et qui date de l'époque du
Concordat.

(2) Le cliché qui a servi pour cette similigravure (page 57), est l'œuvre
de notre confrère M. l'abbé Arbelot, directeur du Clos Saint-Joseph,
à Nevers. Cette photographie a été prise sur une gravure qui appartient aussi à l'auteur et qui remonte aux dernières années du règne
de Pie VII. De plus, trente photographies de cette même gravure,
insérées dans les exemplaires tirés sur papier du Japon, ont été exécutées par notre ami M. Bernard de la Motte Saint-Pierre. Avec nos
compliments nous lui adressons nos sincères remerciements. Depuis
bien des années nous venons dans sa famille, au château de Mont-
poupon, prendre un repos nécessaire au milieu de nos travaux, et
c'est dans ce vieux manoir de Touraine que nous avons mis la dernière main à notre étude sur Pie VII. Daigne la divine Providence
protéger longtemps encore les aimables châtelains dont nous avons
toujours reçu un si cordial accueil !

qu'il est difficile de le reconnaître. Non seulement on voit qu'il a vieilli, mais encore on sent qu'il a lutté beaucoup et souffert longtemps.

Déjà les postillons étaient remontés sur leur siège. Grâce à la relation du chirurgien Claraz nous connaissons maintenant le nom de presque tous les acteurs de ce drame qui se déroula sous le cerisier de Barbeloup.

L'ecclésiastique qui accompagnait Pie VII était Mgr Bertazzoli, l'officier de gendarmerie décoré n'était autre que le colonel Lagorse et les deux autres officiers se nommaient Allouen et Garbet. Les deux messieurs qui s'empressaient autour du Saint-Père étaient l'un son médecin, le docteur Porta, l'autre le chirurgien Claraz, de Lans-le-Bourg. Le valet qui avait demandé à mon grand père la tasse de lait et les œufs s'appelait Hilaire, valet de chambre de Pie VII ; l'autre valet était Vincent Cotogni.

Après un arrêt d'environ trois quarts d'heure, le Pape remonte dans sa voiture aidé par le chirurgien Claraz qui s'assied à ses côtés. Le valet de chambre Hilaire se place sur le siège près du postillon, puis le colonel Lagorse ferme à clé la portière. Dans l'autre voiture prennent place Mgr Bertazzoli et un personnage dont nous ignorons le nom. Enfin la troisième berline reçoit les trois officiers de gendarmerie.

Aussitôt les postillons fouettent les chevaux et les trois voitures disparaissent au milieu d'un nuage de poussière. Il était environ trois heures et demie du soir.

Les témoins de cette scène de courir au bourg de Tronsanges, situé à 5 ou 600 mètres, pour raconter ce qui s'était passé. On eut d'abord de la peine à les croire, mais à la nuit tombante, tous les habitants avaient appris ce fait inouï dans les annales de Tronsanges : un Pape qui s'était reposé et restauré sur le bord de la route, à l'ombre du cerisier que chacun connaissait.

CHAPITRE V

De Tronsanges à Fontainebleau

L'auguste prisonnier était conduit du côté de La Charité-sur-Loire. Quatre heures du soir venaient à peine de sonner, quand le douloureux cortège pénétra dans la ville. Là encore, personne ne s'aperçut du passage du Souverain Pontife. On traversa rapidement la rue des Hôtelleries. Les postillons fouettèrent les chevaux pour monter au galop la Grand'Rue et ne pas laisser reconnaître ce Pape captif qu'on avait acclamé et reçu avec tant d'enthousiasme huit ans auparavant. Les équipages arrivèrent bientôt à Pouilly-sur-Loire qu'ils traversèrent aussi au trot. Les chevaux furent probablement relayés quelques kilomètres avant d'entrer à Cosne. Ainsi, le 19 juin, vers sept heures du soir, on parcourut au galop et sans arrêt cette ville qui avait donné une hospitalité si cordiale à Pie VII, le 23 novembre 1804.

En passant pour la seconde fois à travers ces rues de Cosne, quelles pensées se pressaient dans l'esprit du Souverain Pontife ! L'arrêt de Barbeloup l'avait un peu reposé et le frugal repas qu'il y avait fait avait réparé ses forces épuisées. Maintenant il se sentait mieux, maintenant il pouvait évoquer les souvenirs de son premier voyage.

Plus d'appareil triomphal, aucune pompe solennelle pour fêter Pie VII, comme à son premier passage. Le Saint-Père voyage seul et traverse des rues désertes. Il se souvient alors que c'est de cette ville de Cosne qu'il a envoyé, en 1804, une lettre pleine de tendresse pour cet Empereur qu'il lui tardait de connaître et qu'il allait sacrer. Aujourd'hui, il craint de paraître devant le terrible conquérant et ne sait s'il est conduit à la mort. Depuis près de trois ans qu'il était retenu à Savone, loin de Napoléon, et pourtant si durement traité, il redoute, maintenant, de s'approcher de cet heureux guerrier, devant lequel tremblait presque toute l'Europe subjuguée.

Tout entier à ces pensées amères, Pie VII passe devant

cette église Saint-Jacques, où il a prié avec tant de ferveur, il y a huit ans, puis, devant cet hôtel, où il a reposé si tranquillement la nuit du 23 novembre. Il se rappelle avec émotion que pour ne point troubler son sommeil, on avait eu la délicate précaution de faire passer, par des rues détournées, les voitures venant de Paris et de Lyon. Mais cette nuit, quel repos goûtera-t-il, dans cette lourde berline attelée de six chevaux, qui courent la poste sans arrêt, et dans laquelle il est enfermé depuis quatre jours et quatre nuits sans avoir pu descendre !

Cependant, les équipages avancent rapidement. Toute la nuit on fit diligence, et le matin du 20 juin, de très bonne heure, on traversa Montargis. Là, le chirurgien Claraz descendit de la voiture du Pape, et le docteur Porta prit sa place, afin de donner à l'auguste malade les soins que réclamait le triste état de sa santé. Nous laissons, de nouveau, la parole au chirurgien Claraz, en transcrivant la fin de sa relation :

« Il n'y eut rien de remarquable jusqu'à l'arrivée du Saint-Père à destination ; mais à Fontainebleau, lorsque le cortège du Saint-Père se présenta aux portes du château, le concierge ne voulut point les ouvrir, malgré les ordres du capitaine. Il fallut aller descendre au palais du Sénat, maison très propre et assez commode. Les voitures entrèrent dans la cour, dont on ferma les portes : on descendit le Saint-Père de la voiture ; le capitaine Lagorse avec un officier de gendarmerie le portèrent dans sa chambre, et il expédia un courrier à Paris, qui fut de retour à neuf heures du soir ; et, à son arrivée, le Saint-Père fut transféré au château.

» Telle est la relation que je puis vous donner, monsieur, de ce voyage, qui s'est fait en quatre jours et demi, du mont Cenis, où il ne s'est dressé aucun procès-verbal, jusqu'à Fontainebleau, où nous arrivâmes le vendredi 19 juin, sur environ midi (1) ».

Ici, le docteur Claraz a dû commettre une erreur d'un jour. C'est le samedi *20 juin*, à midi, que Pie VII arriva à Fontainebleau. Cette dernière date est d'ailleurs donnée

---

(1) *L'Eglise romaine et le premier Empire, 1800-1814*, par le comte d'HAUSSONVILLE, t. V. Pièces justificatives. p. 557-567. Manuscrit du British Museum, n° 8389. *Lettre du chirurgien Claraz à M. l'avocat Louis Cereghelly, secrétaire de la maison du Saint-Père, à Rome.* (Jermignon, en Savoie), le 15 septembre 1814.

par Artaud, *Vie du Pape Pie VII*, tome II, page 296, et par le cardinal Pacca dans ses *Mémoires*.

L'erreur du chirurgien de Lans-le-Bourg est facile à expliquer. De plus, nous verrons qu'il est impossible que Pie VII soit arrivé à Fontainebleau le 19, d'après d'autres passages de la relation de Claraz lui-même.

D'abord, on comprend que ce docteur, qui accompagna cependant le Souverain Pontife, ait pu se tromper d'un jour pour l'arrivée du Pape à Fontainebleau. En effet, il a écrit sa relation *plus de deux ans après avoir fait ce voyage ;* ses souvenirs pouvaient n'être plus très précis. Ensuite, pour corriger cette erreur de date, il suffit de lire attentivement la relation de ce docteur. D'après lui et tous les historiens, Sa Sainteté partit du mont Cenis le lundi soir 15 juin, à dix heures ; Elle passa le mardi, dans la nuit, à Chambéry ; le mercredi, aussi dans la nuit, à Lyon. On fit, pendant ces deux premiers jours, une moyenne de 110 à 120 kilomètres par jour. Il n'est donc pas vraisemblable que le Souverain Pontife ait pu franchir le jeudi et le vendredi matin, c'est-à-dire dans l'espace d'un jour et demi seulement, une distance deux fois plus grande que celle parcourue les deux premiers jours. Le mont Cenis n'est qu'à 220 kilomètres de Lyon, tandis que cette dernière ville est éloignée de plus du double de Fontainebleau.

Enfin, le docteur Claraz dit lui-même que la distance du mont Cenis à Fontainebleau fut franchie en *quatre jours et demi.* Si Pie VII était arrivé le vendredi 19 juin à midi, il n'aurait mis que *trois jours et demi* pour faire ce voyage.

Il faut donc admettre nécessairement que le Pape arriva à Fontainebleau un jour plus tard que le chirurgien Claraz le dit dans sa relation, c'est-à-dire *le samedi 20 juin, à midi.*

Ainsi, nous avons pu, grâce à la relation du chirurgien Claraz, de Lans-le-Bourg, suivre pas à pas le Souverain Pontife dans ce voyage à la fois si précipité et si mystérieux. L'arrêt de Pie VII à Tronsanges, sans éclairer d'une lumière nouvelle cette période si tourmentée de l'histoire de l'Église, apporte cependant à la lutte mémorable entre l'Empereur et le Pape quelques détails peu connus jusqu'alors.

Telles sont, racontées par des témoins oculaires, les circonstances de ce voyage de Pie VII, dont l'arrivée à Fontainebleau surprit fort tous les contemporains. Les serviteurs les plus dévoués de l'Empire n'avaient rien su à l'avance. Seuls, le ministre des cultes et celui de la police avaient été mis dans le secret. M. le comte d'Haussonville rapporte avoir entendu raconter à M. Pasquier, préfet de police, qu'étant allé un matin chez son supérieur hiérarchique, le duc de Rovigo, il le trouva en proie à une agitation si visible, qu'il ne put s'empêcher de lui demander quelle en était la cause : « Ah ! le Pape, à l'heure qu'il est, se meurt peut-être dans l'hospice du mont Cenis ! — Quoi ! le Pape ? reprit le préfet de police ; mais comment se trouve-t-il là ? » Alors, M. de Rovigo raconta ce qui était arrivé, et comment il avait reçu un courrier expédié par le commandant Lagorse : « Et dire, s'écria le duc de Rovigo dans sa colère, que c'est le prince Borghèse, un prince romain, qui ne consent pas à accorder au Pape un jour de repos ! Il sera cause de sa mort sur cette montagne, et l'on m'en accusera, et l'on dira que c'est moi qui l'ai tué ! Quel effet dans l'Europe entière ! L'Empereur ne me le pardonnera jamais ! »

Pie VII supporta ce douloureux voyage sans se plaindre ; il arriva à Fontainebleau dans un état de santé qui fit craindre pour ses jours, et il dût garder le lit pendant plusieurs semaines. Enfin le Saint-Père se rétablit et put reprendre les vêtements de sa dignité.

Napoléon, en rapprochant ainsi le Pape de Paris, avait l'intention de le faire environner de personnes à ses gages qui, à force d'instances et d'insinuations, l'engageraient à consentir à tout ce que l'Empereur voudrait exiger.

On sait que les cardinaux restés à Paris venaient à Fontainebleau et pressaient le Pape de céder sur tout ce que demanderait Napoléon. Ces cardinaux représentaient à Pie VII l'état déplorable de l'Eglise universelle et l'état non moins malheureux de l'Eglise particulière de Rome privée presque entièrement de tout son clergé. Enfin on sait aussi que le Concordat de Fontainebleau, signé le 25 janvier 1813, reste comme une preuve de l'abus de la violence exercée contre un Pape captif.

A peine le Souverain Pontife eut-il signé qu'il fut pris de remords et, deux mois après, le 24 mars, il fit porter à l'Empereur, par le colonel Lagorse, sa rétractation et la révocation du Concordat de Fontainebleau.

CHAPITRE VI

Deuxième retour de Pie VII à Rome

Depuis que Napoléon avait retenu le Pape si étroitement prisonnier, la gloire des armes françaises avait été en déclinant. L'étoile de l'Empereur pâlissait. Les flammes et les glaces de Moscou avaient répandu la consternation parmi les troupes les plus glorieuses de l'Europe et anéanti cette Grande Armée si enthousiaste et si vaillante, qui ne méritait pas d'être si infortunée.

Devant l'Europe coalisée le Pape devenait embarrassant auprès de Paris, aussi Napoléon résolut-il de faire partir son auguste prisonnier, sans cependant lui indiquer le lieu de sa destination. Le 23 janvier 1814, Pie VII quitta Fontainebleau sans avoir pu obtenir un seul cardinal comme compagnon de voyage. Il était accompagné seulement de Mgr Bertazzoli, qui l'avait déjà suivi lors de son transfèrement de Savone à Fontainebleau. Une voiture de suite contenait son médecin, le docteur Porta, et un des chirurgiens de l'Empereur, chargé de prendre un soin spécial de la santé du Pape. Ses deux camériers, Hilaire Palmiéri et Vincent Cotogni, voyagaient aussi avec lui. De plus, le colonel de gendarmerie Lagorse devait encore veiller sur cet auguste captif.

Les cardinaux Mattei, Dugnani, della Somaglia et Pacca partirent tous les quatre le premier jour, et les autres les jours suivants. On fit passer Pie VII par l'Ouest de la France. « Le gouvernement, en transférant le Pape à Savone (c'est là que le Souverain Pontife retournait sans le savoir) et les cardinaux dans les villes du bas Languedoc, pour les éloigner des pays qui allaient être envahis par les armées alliées, nous fit faire à tous, dit le cardinal Pacca, un long détour par l'Orléanais, le Limousin et le Quercy ». Voici, d'après les *Mémoires* de ce cardinal (1), qui suivait Pie VII à trois ou quatre jours de distance, les villes principales où passèrent successivement le cortège papal et celui des cardinaux : Fontainebleau, Malesherbes, Pithiviers, Orléans, La Motte-Beuvron, Vierzon, Châteauroux, Limoges, Brive, Cahors, Montauban, Toulouse, Castelnaudary, Narbonne, Béziers, Montpellier et Nîmes. Ensuite le Souverain Pontife traversa le Rhône sur le pont de bateaux de Beaucaire à Tarascon, et les habitants de ces deux villes se réunirent pour lui offrir les témoignages de la plus tendre vénération. On n'entendait qu'acclamations de joie, applaudissements et félicitations. Le colonel Lagorse dit alors à tout ce peuple, accouru pour acclamer le Pape prisonnier : « Que feriez-vous donc si l'Empereur passait ? » Et le peuple de répondre : « Nous lui donnerions à boire ». La foule voulait entendre par là qu'elle jetterait Napoléon dans le Rhône. Et comme le commandant Lagorse essayait d'imposer silence, quelqu'un s'écria : « Colonel, est-ce que vous auriez soif ? ».

Cependant, Napoléon continuait à être malheureux à la guerre. Malgré les efforts de son génie, malgré ses mouvements rapides, ses brillants calculs, ses savantes manœuvres et ses glorieux faits d'armes, la France était envahie, et l'étoile de l'Empereur pâlissait de plus en plus. Pendant ce temps, le Saint-Père le Pape continuait son voyage triomphal à travers le Midi de la France.

Le 31 mars, les Alliés étaient entrés dans la capitale de l'Empire, et à la suite de l'occupation de Paris, il s'était fait une immense révolution dans cette ville.

Le 6 avril 1814, dans ce même palais de Fontainebleau, où trois mois auparavant il tenait encore prisonnier le Souverain Pontife, l'Empereur Napoléon fut réduit à signer son abdication et à quitter ce magnifique château, après des adieux pathétiques à sa vieille garde.

Dès le 2 avril, le gouvernement provisoire avait pris l'arrêté suivant :

Le gouvernement provisoire, instruit avec douleur des obstacles qui ont été mis au retour du Pape dans ses Etats, et déplorant cette continuation des outrages que Napoléon Bonaparte a fait subir à Sa Sainteté, ordonne que tout retardement à son voyage cesse à l'instant, et qu'on lui rende dans toute la route les honneurs qui lui sont dus. Les autorités

---

(1) Tome II, chap. v. Voyage de Fontainebleau à Uzès, p. 251 à 270.

civiles et militaires sont chargées de l'exécution du présent arrêté.

De France, Pie VII passa en Italie.

« Dès le 10 mars, l'Empereur, devant l'invasion des Alliés et l'écroulement de ses projets, avait jugé prudent de se défaire d'un trop auguste captif, et donné ordre de conduire Pie VII de Savone aux avant-postes des armées ennemies. Elles étaient campées sur les rives du Taro. Le Souverain Pontife, accompagné jusqu'à la rivière par le commandant Lagorse, l'avait franchie sur un pont de bateaux, et, arrivé sur l'autre bord, occupé par les troupes autrichiennes, napolitaines et anglaises, s'était arrêté, enfin libre. Dans sa reconnaissance, il leva les mains vers le ciel ; sur les deux rives, les troupes s'agenouillèrent, et amis et ennemis reçurent la même bénédiction papale. Le cortège pontifical se dirigea aussitôt à petites journées vers Rome, traversant, dans une marche vraiment triomphale, Parme, Modène, Bologne. Le 24 mai, à 8 milles de la Ville Eternelle, le Pape est salué par le roi et la reine d'Espagne, le roi d'Etrurie et sa mère, également chassés de leurs Etats, et réfugiés à Rome ; à Pontemolle, la commission d'Etat était venue à sa rencontre ; vingt-quatre nobles romains détellent ses chevaux et traînent sa voiture. Près de la Porte du Peuple, une troupe de jeunes gens et de jeunes filles du Conservatoire de la *Providence*, celles-ci vêtues de robes blanches et portant des palmes d'or, poussent des acclamations, tandis que le cardinal Pacca, dominant son émotion : « Très Saint-Père, dit-il, Vous nous avez répété » souvent que la *Providence* Vous reconduirait à Rome, » mais Vous ne nous aviez jamais dit qu'elle viendrait » au-devant de Vous ». Le carrosse pontifical traverse la ville en fête, jusqu'à la basilique de Saint-Pierre, dont le Pape gravit les degrés lentement, au milieu de l'enthousiasme bruyant de la foule. Pie VII était redevenu roi (1) ».

Quelles devaient être les émotions de Pie VII, de se voir ainsi ramener, comme par un prodige, dans sa capitale et dans son palais, dont on l'avait arraché depuis près de cinq ans ! Quelle ne fut pas la ferveur de sa prière, quand il s'agenouilla dans Saint-Pierre pour remercier Dieu de ce glorieux retour ! Cette entrée à Rome

____

(1) *Le Correspondant*, 25 juin 1902 : La France et le Saint-Siège en 1815, d'après les dépêches entièrement inédites du cardinal Consalvi, par le vicomte de RICHEMONT.

était encore plus triomphale que celle du 16 mai 1805. Pour en perpétuer le souvenir et en même temps pour témoigner sa reconnaissance à la très sainte Vierge de la protection visible dont il avait été l'objet, Pie VII voulut que ce mémorable anniversaire de sa délivrance et de sa rentrée providentielle dans la ville de Rome fut célébré chaque année, le 24 mai, par une fête religieuse, sous le vocable : *Auxilium christianorum*.

ÉRECTION

DE LA CROIX DU PAPE

A BARBELOUP

19 Juin 1867

LA CROIX DU PAPE PIE VII

Monument élevé à Tronsanges en 1867

ERECTION DE LA CROIX DU PAPE

A BARBELOUP, 19 JUIN 1867

Le souvenir de l'arrêt du Pape à Tronsanges resta profondément gravé dans l'esprit des habitants privilégiés qui assistèrent à la scène touchante que nous avons racontée plus haut. Toutefois, comme nous l'avons déjà dit, un des acteurs de cette scène, le père Colin, mourut le 19 décembre 1812, six mois après le passage de Pie VII. Sa femme, Charlette Boisson, épousa en secondes noces, le 13 janvier 1814, mon arrière grand père, Pierre Meunier, qui avait perdu sa première femme, Marie Bachelier, le 18 février 1813. Ce nouveau ménage vécut bien des années encore à l'ombre de l'heureux cerisier qui avait abrité le Souverain Pontife (1).

Cependant, la rumeur publique avait répandu le bruit que le Pape, lorsqu'il s'arrêta à Tronsanges en 1812, était conduit comme prisonnier d'Etat sur les ordres de l'Empereur Napoléon, alors tout puissant.

Peu de temps après, la divine Providence avait vengé son Pontife persécuté. L'Empereur était tombé deux fois de son trône, deux fois aussi il avait été exilé et avait enfin terminé ses jours au milieu de l'Océan, sur le rocher de Sainte-Hélène.

Mes grands parents aimaient beaucoup Napoléon, et voyaient avec frayeur, dans une fin si triste, un juste châtiment du ciel.

La bénédiction de Pie VII avait porté bonheur à ma famille, qui s'était accrue et multipliée rapidement.

Onze enfants étaient nés à mon arrière grand père, et huit d'entre eux comptent encore aujourd'hui une nombreuse postérité. Parmi ses enfants, il faut citer Jean Meunier, celui-là même qui offrit la tasse de lait au Pape

---

(1) Pierre Meunier mourut le 15 avril 1837, âgé de soixante-huit ans (Archives de Tronsanges, décès, 1833-1850) et sa femme, Charlette Boisson, décéda quelques années plus tard.

7

Pie VII. Il quitta Tronsanges pour aller s'établir à Chaulgnes, et Dieu, exauçant la bénédiction de son Pontife, lui accorda aussi une famille nombreuse : il eut dix enfants. Il aimait revenir à Tronsanges, voir ses frères et s'asseoir un instant sous le cerisier historique. Il ne manquait jamais de dire alors : « Voilà l'endroit où le Pape Pie VII s'est reposé, et où je lui ai offert une tasse de lait ».

Mon arrière grand mère avait fait percer une des pièces de monnaie, frappées à l'effigie de Pie VII, et que lui avait données ce Souverain Pontife. Elle la porta religieusement à son cou, jusqu'à sa mort, comme une médaille sacrée et une précieuse relique (1).

Cependant les années s'écoulaient, mais le souvenir du passage de Pie VII demeurait toujours gravé dans la mémoire de mon grand père. Le soir, après le dur travail de la journée, il se plaisait à raconter cette scène émouvante à ses dix enfants, rangés autour de lui, et écoutant en silence le récit de cette touchante histoire.

Le cerisier, conservé avec respect et vénération par les habitants voisins, finit par périr de vétusté en 1863. Au témoignage des anciens il pouvait avoir cent ans. Cet arbre était tellement gros qu'un homme avait de la peine à entourer de ses bras son tronc séculaire.

Les habitants de Tronsanges, qui s'étaient groupés depuis 1812 sur le bord de la route nationale et auprès de ce cerisier vénérable, virent avec une certaine tristesse disparaître cet arbre historique.

Aussitôt on parle de ne pas laisser périr le souvenir qu'il rappelait, souvenir précieux et consolant pour la commune de Tronsanges.

Sous l'inspiration et l'impulsion de M. l'abbé Morel, alors curé de Champvoux, desservant Tronsanges, et dont nous avons vu le grand père accourir en 1804 au-devant de Pie VII à son passage à Pougues-les-Eaux, on décide d'élever une croix de bois à la place du cerisier disparu.

Cette croix était à peine achevée lorsque les principaux propriétaires des environs : MM. Victor Servois, maire de Tronsanges ; son frère, Servois, de La Marche ; le général Delamalle, maire de Chaulgnes ; M. de Champs et plusieurs autres firent remarquer qu'une simple

---

(1) J'ignore ce que cette pièce de monnaie est devenue.
Outre la miniature et la gravure qui ornent cet ouvrage, l'auteur possède encore deux médailles à l'effigie de Pie VII : l'une de 1804, l'autre de 1820.

croix de bois n'était pas digne d'un Pape et qu'il fallait consacrer ce pieux souvenir par un monument commémoratif plus durable et moins indigne de la Papauté.

Aussi, la croix de bois, qui n'était pas encore placée, fut-elle transportée dans un village voisin de Tronsanges, à la Charnaye, et élevée dans un lieu appelé depuis le Champ de la Croix (1).

Une souscription fut ouverte. Tous les habitants de Tronsanges s'inscrivirent ainsi que beaucoup de personnes étrangères à cette commune. On eut bientôt en caisse trois ou quatre mille francs (2).

Le conseil municipal de Tronsanges prit alors la délibération suivante :

L'an mil huit cent soixante cinq, le huit juin..., le conseil, vu la souscription des habitants de la commune pour l'érection d'une croix en l'honneur du passage de Sa Sainteté le Pape Pie VII et du temps d'arrêt qu'il a fait à Tronsanges,

Considérant que des dons arrivent de toutes parts pour l'érection d'un monument, est heureux de se joindre aux souscripteurs en votant une somme de cinquante francs qui sera portée au budget supplémentaire de 1865.

Fait et délibéré, etc.

BÉTIÉAU, MONIN, BEURIER, VEILLAT

V. SERVOIS, *maire* (3).

La parcelle de terrain où se trouvait le cerisier appartenait à la commune de Tronsanges, mais, pour l'érection du monument, on avait besoin d'un espace plus vaste. Le père Monin, dont nous avons déjà parlé, donna quelques

---

(1) Ces détails nous ont été donnés par M. Monin, âgé de soixante-quinze ans, qui habite près de la Croix du Pape.

(2) Voici quelques-uns des donateurs que la tradition nous a conservés : les deux messieurs Servois versèrent chacun plusieurs centaines de francs, le général Delamalle, 100 fr. ; M. de Champs, 100 fr. ; M. le comte Lafond, 100 fr. ; la Société nivernaise des lettres, sciences et arts, 100 fr., et beaucoup d'autres souscripteurs que Dieu seul connaît. Nous ignorons le montant de la souscription de Mgr Forcade, alors évêque de Nevers, mais il a certainement donné une somme assez forte puisqu'il a daigné venir bénir lui-même ce monument, comme nous le verrons plus loin.

(3) Il a été écrit à la marge du registre des délibérations : « Cette délibération a été prise à la session de novembre, mais omise ».

Le conseil municipal se composait alors de MM. Servois, maire Rigaud, adjoint ; Monin, Veillat, Beurier, Bétiéau, Lesseure, Musset Masloup, Roy Jacques (aîné), Choumery et Richon.

mètres carrés d'un champ voisin et aussitôt les travaux furent commencés.

Nous savons que le plan de cette colonne fût dressé par M. Bouveault, architecte à Nevers, que la pierre venait des carrières de Narcy, qu'elle fut taillée par des ouvriers de Nevers et placée par des maçons de Tronsanges. Le monument, comme on pourra s'en convaincre par la similigravure qui se trouve à la page 97, se compose d'un piédestal posé sur un soubassement de deux marches et portant l'inscription suivante qui regarde la route :

HIC

DIE XIX IVNII MDCCCXII

PIVS VII P. M.

PEREGRINVS ET AEGROTANS

MODICO LACTE REFICIEBATVR.

Hoc monumentum opera Victoris Servois
et iuvantibus nonnullis Christi fidelibus
erectum benedixit Augustinus Forcade epūs Nivern.

DIE XIX IVNII MDCCCLXVII

Cette inscription latine a pour pendant une autre inscription française qui se trouve du côté opposé :

ICI

LE XIX JUIN MDCCCXII

S'EST REPOSÉ SOUS UN CERISIER

ET A PRIS UN FRUGAL RAFRAICHISSEMENT

LE PAPE PIE VII

CONDUIT A FONTAINEBLEAU.

Le piédestal supporte un monolithe haut de près de cinq mètres et surmonté des armes pontificales : la tiare et les clés de Saint-Pierre, artistement sculptées et très bien conservées jusqu'à ce jour. Le sommet de la tiare est orné d'une petite croix qui était autrefois dorée. Avec le piédestal et les armes papales qui la dominent, cette svelte et élégante colonne n'a pas moins de sept mètres de hauteur. Elle est entourée d'une grille en fonte d'une forme gracieuse.

Le monument était achevé dès le 15 juin 1867.

La bénédiction solennelle fut annoncée en ces termes

par le *Journal de la Nièvre* et la *Semaine religieuse* de Nevers :

Mercredi 19, à onze heures du matin, Monseigneur l'Evêque bénira solennellement le monument récemment élevé sur le territoire de Tronsanges, et près de la route de Paris, entre Pougues et La Charité, au lieu où, selon la tradition populaire, le Pape Pie VII se reposa quelques instants sous un arbre, le 19 juin 1812, veille de l'arrivée de ce saint Pontife à Fontainebleau.

MM. les ecclésiastiques et les pieux fidèles des environs sont invités à cette cérémonie, dont le caractère sera, comme il doit l'être, uniquement religieux.

Un train venant de Paris, arrivant à La Charité à neuf heures trente deux minutes du matin, et un autre train venant de Nevers, arrivant à Pougues à neuf heures cinquante-une minutes, on pourra facilement s'y rendre de toutes les directions.

Le 1ᵉʳ juillet 1867, la *Semaine religieuse* du diocèse fit paraître un assez long article sur la cérémonie de Barbeloup. Après avoir rapporté, avec quelques détails, la tradition touchant le passage du Pape, l'auteur de l'article fait un résumé historique du voyage de Pie VII, loue le concours empressé de M. Victor Servois, maire de Tronsanges, décrit le monument religieux, et continue en ces termes :

« Le 19 juin dernier, jour anniversaire du passage de Pie VII , Monseigneur, accompagné de M. l'abbé Bellaunay, vicaire général, s'est rendu à Barbeloup pour bénir la colonne, entourée d'une ceinture de verdure et de fleurs par les soins de M. le curé de La Marche (1), qui dessert aussi la paroisse de Tronsanges. Le clergé des environs et une foule nombreuse s'étaient réunis autour du monument. Après le chant du psaume *Quare fremuerunt gentes*, et avant la bénédiction, Sa Grandeur, développant un texte d'Isaïe, très heureusement choisi, s'est exprimé à peu près en ces termes :

> *Et venient ad te curvi filii eorum qui humiliaverunt te et adorabunt vestigia pedum tuorum.*

> « Et les fils de ceux qui vous ont humilié viendront se prosterner devant vous, et vénérer les traces de vos pas.» (Is., LX, 14).

» Elle s'accomplit, cette prophétie d'Isaïe, mes très chers Frères, elle s'accomplit sous nos yeux. Au commencement de

---

(1) C'était alors M. l'abbé Léonard Monin, actuellement curé de Saint-Hilaire-Châtin.

ce siècle, l'Eglise était, par le fait de la génération tout entière, humiliée et persécutée en la personne de Pie VII. Il y a aujourd'hui cinquante-cinq ans, le Père spirituel du genre humain, accablé par la souffrance, plongé dans la détresse et l'isolement, s'arrêta ici sous un arbre (1). Il y reçut le breuvage du pauvre des mains d'une de ses plus humbles filles. Ah ! c'est que sur cette route, que l'on peut appeler le chemin de la croix de Pie VII, il avait ressenti, dans ses angoisses, les ardeurs brûlantes de la soif, et il avait poussé le cri du divin supplicié : *sitio !* Aujourd'hui que voyons-nous ? Comme dit le Prophète, les fils de ces hommes qui ont humilié le saint Pontife viennent rendre hommage à sa mémoire. Ils sont ici, et nous avec eux, pour vénérer les vestiges de son passage. Nous avons voulu en perpétuer le souvenir par ce monument, afin qu'aujourd'hui et toujours tout catholique, en passant sur cette route, puisse s'arrêter à cette station de la voie douloureuse des Papes, et y vénérer, comme nous, les traces de celui qui a été exalté parce qu'il avait été humilié.

» Voilà ce qui s'est produit autrefois, ce qui se produit aujourd'hui, et ce qui se produira toujours dans l'histoire de la Papauté. N'en voyons-nous pas la preuve manifeste dans la vie d'un des successeurs de Pie VII, héritier de sa gloire, comme de son nom, dans la vie de Pie IX ? Cet illustre et saint Pontife n'est-il pas humilié par la génération présente, non en France, mais en Italie par les hommes de son propre pays ? Il a souffert et il souffre encore. Lui aussi, il a connu la persécution et le chemin de l'exil, il a goûté du pain de la détresse, et il a été soulagé par les plus petits d'entre ses enfants. Et un jour, qui n'est pas loin, un jour, n'en doutons point, les fils de ces hommes qui l'outragent viendront à leur tour dans l'attitude d'un saint respect, vénérer les traces de ses pas : *Et venient ad te curvi filii eorum qui humiliaverunt te.*

» Ayez donc confiance ! Cette histoire n'est pas nouvelle, c'est l'histoire de tous les temps et de tous les Papes. Oui, dans chaque siècle, on a vu les Souverains Pontifes persécutés, bannis, humiliés ; on les a vus, comme dit le Prophète, boire, en passant, l'eau du torrent ; mais pour eux arrive infailliblement l'heure de la justice et de la réparation, l'heure de l'exaltation. Oui, ayons confiance, l'histoire est là pour faire naître dans nos âmes ce sentiment, mais bien plus encore la promesse de Jésus-Christ, qui nous assure que la Chaire de Pierre ne saurait périr, puisque c'est Lui-même qui la soutient.

» Combien donc sont vains et criminels les efforts de l'impiété contre le Pasteur des peuples ! Tout ce que méditent contre lui les puissances de la terre se tourne contre elles. Plus donc

---

(1) A l'occasion du centenaire de l'arrêt de Pie VII à Tronsanges c'est-à-dire le 19 juin 1912, nous avons l'intention, s'il plaît à Dieu, de réunir au pied de la *Croix du Pape*, pour une fête religieuse et des agapes fraternelles, toute notre famille, qui compte aujourd'hui plusieurs centaines de membres.

nous voyons le Chef de l'Eglise trahi et abandonné, plus nous devons nous montrer fidèles et confiants.

» Je vois avec bonheur, mes Frères, l'empressement que vous avez mis à venir en grand nombre, pour répondre à l'appel de l'excellent maire de cette commune. C'est lui qui a eu l'heureuse et sainte pensée d'ériger ce monument. C'est votre œuvre à tous, mes Frères, puisque tous vous avez voulu payer votre tribut d'hommage et d'amour à la mémoire de Pie VII : le pauvre en apportant son obole, le riche en donnant son or. Tant que durera cette colonne, et puisse-t-elle durer longtemps, en rappelant sans doute les fautes de nos pères, elle portera du moins témoignage de la réparation que vous avez faite, elle sera là, debout, pour nous enseigner à rester inébranlablement fidèles au Saint-Siège, et pour nous convaincre que quelqu'agitée que soit la barque de Saint Pierre, ceux qu'elle renferme n'ont rien à craindre sur la terre, et tout à espérer dans le Ciel ».

Après la cérémonie, M⁀ Forcade manda la famille de mon grand père, venue nombreuse à la bénédiction de la Croix. L'évêque de Nevers dit aux membres présents qu'il serait heureux d'ouvrir les portes du petit séminaire et du grand séminaire à un de leurs enfants, s'il se sentait la vocation à l'état ecclésiastique.

Vous me pardonnerez, cher lecteur, de parler de ma personne. Je le fais en toute simplicité, et pour l'amour de la vérité historique. D'ailleurs *ce moi* que vous lirez est celui d'un enfant de cinq ans, qui ne connaissait pas encore la parole de Pascal : « *Le moi est haïssable* ».

Mes oncles avaient de nombreux enfants plus âgés que moi, et dont quelques-uns auraient pu alors entrer au petit séminaire, mais aucun ne se sentit appelé au sacerdoce.

Le curé de Chaulgnes, qui était à cette époque M. l'abbé Veneau, assistait à la cérémonie de la bénédiction de la Croix (1).

A son retour, il me raconte ce qui s'était passé à Tronsanges, et ce que j'avais déjà entendu bien des fois de la bouche de mes parents. Puis il ajoute que Pie VII ayant béni ma famille, Monseigneur l'évêque de Nevers m'ou-

----

(1) M. l'abbé Veneau naquit à Pougny, le 13 décembre 1824, et fut ordonné prêtre le 23 février 1850. D'abord vicaire de Prémery, il fut ensuite curé d'Arthel, de juillet 1854 à octobre de la même année. Nommé alors curé de Saint-Révérien, il y resta jusqu'au mois de décembre 1857, époque où il devint curé de Chaulgnes. C'est dans cette paroisse qu'il est mort, le 27 mars 1898, après avoir, pendant quarante-deux ans, nourri et gardé fidèlement le troupeau qui lui avait été confié.

vrait les portes du petit séminaire de Pignelin, si je voulais y entrer et faire un prêtre. Sans trop comprendre ni la portée de la question du bon curé, ni surtout la gravité de ma propre réponse, je dis : « Oui ».

Peu de temps après, mes petits camarades m'appelaient *M. le curé*, et bientôt je pris mon rôle tellement au sérieux, que j'allais jusqu'à répondre : « *Bonjour, mes enfants* », même aux vieillards, qui me disaient en riant : « *Bonjour, monsieur le curé* ». M. l'abbé Veneau lui-même, (je tiens de lui ces détails), tout rigide qu'il était, plaisantait quelquefois jusqu'à mettre à l'épreuve ma précoce vocation : « Puisque tu veux être prêtre, où seras-tu curé ? » Et de lui répondre sans me troubler : « A Chaulgnes ». — « Et moi, qu'est-ce que je ferai ? » — « Toi, tu iras à Champvoux ». Il n'y avait pas alors de curé dans cette petite paroisse, et j'envoyais ainsi ce prêtre excellent et déjà âgé dans une commune délaissée et misérable, pour prendre sa place et m'installer, avec mon imagination enfantine, dans une cure qui était regardée, à cette époque, comme une des meilleures de la Nièvre.

Quelques mois après la bénédiction de la Croix du Pape, en décembre 1867, M⁹ʳ Forcade fit sa visite *ad limina* (1). Il raconta au Souverain Pontife Pie IX l'arrêt de Pie VII à Tronsanges et l'érection du monument commémoratif. Pie IX autorisa alors l'évêque de Nevers à prélever, sur le Denier de Saint-Pierre de son diocèse, la somme nécessaire pour élever au séminaire un des membres de la famille qui avait donné l'hospitalité au Pape prisonnier. C'était récompenser royalement l'acte de charité de mes parents envers Pie VII (2).

Cependant, M⁹ʳ Forcade avait été transféré en 1873 du siège de Nevers à celui d'Aix. M⁹ʳ de Ladoue lui succéda, puis, en 1877, M⁹ʳ Lelong.

Malgré ces changements rapides d'évêques, la divine Providence avait arrangé toutes choses, et j'étais entré joyeux, en octobre 1875, au petit séminaire de Pignelin. Cette joie fut bientôt tempérée par un grand chagrin : deux mois après mon entrée au séminaire, je perdais mon grand père, âgé de soixante-quinze ans, trop heureux d'avoir entrevu, avant sa mort, la réalisation des pro-

---

(1) *Vie de Monseigneur Forcade, archevêque d'Aix, Arles et Embrun*, par l'abbé E. MARBOT, p. 362 et 363.

(2) Lire sur ce sujet un article inséré dans le *Journal de la Nièvre* du 25 mars 1894, par M. l'abbé Benoist, chanoine titulaire de la cathédrale de Nevers, et ancien supérieur du petit séminaire de Pignelin.

messes de M⁰ʳ Forcade et, comme il le disait, le couronnement de la bénédiction de Pie VII.

En 1885, au commencement de juin, aussitôt après mon
appel au sous-diaconat, et avant de m'engager irrévocablement dans les ordres sacrés, j'écrivis à M⁰ʳ Forcade
pour lui annoncer cette heureuse nouvelle et l'inviter à
venir, deux ans après, m'imposer les mains et couronner
cette vocation, qu'il avait pour ainsi dire fait naître.

L'archevêque d'Aix m'envoya aussitôt la lettre suivante,
avec un souvenir que je garde précieusement dans mon
bréviaire :

Mon cher enfant,

Je me rappelle parfaitement le fait dont vous évoquez le
souvenir. Cette cérémonie de la bénédiction de la Croix du
Pape est restée gravée dans mon cœur. Je crois d'ailleurs que
le Nivernais possède le seul monument élevé en l'honneur du
voyage douloureux de Pie VII à travers la France en 1812.

Je suis heureux d'apprendre que la bénédiction du Souverain
Pontife sur votre famille vous ait ouvert les portes du sanctuaire, et que Notre-Seigneur vous ait donné la vocation
à l'état ecclésiastique, que je demandais pour vous, lors de la
bénédiction du monument de Tronsanges.

Je vous envoie, comme souvenir d'ordination à votre sous-
diaconat, le signet de sainte Thérèse, que vous mettrez dans
votre bréviaire, et je serai heureux d'aller à Nevers vous
imposer les mains, lors de votre ordination sacerdotale.

En attendant, mon cher enfant, remerciez Dieu de la faveur
insigne qu'Il vous accorde et je vous donne à nouveau, ainsi
qu'à votre famille, de tout cœur ma bénédiction.

† AUGUSTIN, *archev. d'Aix.*

Malheureusement je n'eus pas la consolation que je
m'étais tant promise. Trois mois après mon ordination au sous-diaconat, M⁰ʳ Forcade mourut en quelques
heures, du choléra, qu'il contracta en visitant les malades
de son diocèse (septembre 1885). Cette mort foudroyante
me causa un des plus grands chagrins de ma vie.

Je fus ordonné prêtre le 29 juin 1887, et je regarderai
toujours ma vocation sacerdotale comme le fruit spon-

tané du passage de Pie VII dans la Nièvre, et le couronnement providentiel de la bénédiction qu'il donna à ma famille en 1812 (1).

Abbé J.-M. MEUNIER,

Professeur à l'Institution Saint-Cyr (Nevers).

---

(1) Depuis bientôt quarante ans que la colonne du Pape se dresse sur le bord de la route nationale de Paris à Lyon, elle est encore en bon état. Quoique cette route soit très fréquentée, ce monument a toujours été respecté des passants. Mes cousins et cousines, ainsi que les habitants voisins, veillent avec un soin jaloux sur cette *Croix du Pape*, qui semble aussi les protéger et les bénir. Beaucoup de voyageurs s'arrêtent pour lire l'inscription. Des touristes, des baigneurs de Pougues-les-Eaux viennent la voir. Quelques-uns font des articles de journaux à son sujet : Voir dans le *Petit Journal*, lundi 14 septembre 1903, la *Chronique du lundi*, de Félix DUQUESNEL. D'autres écrivent des poésies, témoin la pièce suivante, qui a paru dans le *Moniteur de la Nièvre*, le 18 septembre 1888 :

LA COLONNE DE PIE VII A TRONSANGES

Impressions d'un promeneur

De Pougues, certain jour que vers La Charité
Je dirigeais mes pas, je vis sur le côté
De la route ombragée une svelte colonne
Qu'avec la Croix du Christ, la tiare couronne.
Une date est inscrite au pied du monument :
Juin mil huit cent douze ! Oh ! quel retentissement
Et de gloire et de deuil cette héroïque époque
A l'esprit du Français jusqu'à nos jours évoque.
Légendaire Empereur qui, volant vers le nord,
Entraînais sous tes pas tant d'hommes à la mort,
Rappelle-t-on ici tes exploits et ta gloire ?
Non, cette inscription n'est point à ta mémoire
Un hommage de plus. Tandis, ô conquérant,
Que de tes bataillons tu lançais le torrent,
Te croyant sûr de vaincre et courant vers l'abîme,
Ici passait sans bruit ta plus noble victime :
Un Pape sans armée, un vieillard maladif,
Qui vers Fontainebleau s'acheminait captif.
Fontainebleau ! C'est là, qu'au jour de la ruine,
T'attendait, ô César, la justice divine.
Mais alors sous ton joug le monde avait plié ;
Le Pontife, son droit, tout était oublié.
Dieu seul s'en souvenait, à son faible Vicaire
On avait tout ravi : l'arme de la prière
Lui restait, et demain, vaincu par les frimas,
Les armes tomberont des mains de tes soldats.
Mais, hélas ! avec toi la France, ta complice,
Devra du châtiment épuiser le calice.
    Etc., etc.

Signé : G. ALARDET

TABLE

Premier passage de Pie VII dans la Nièvre 1804

Deuxième passage de Pie VII dans la Nièvre 1812

Erection de la Croix du Pape à Barbeloup, 19 juin 1867

DU MÊME AUTEUR :

Le Patois du Nivernais étudié au phonomètre, paru dans le *Bulletin* de la Société nivernaise des lettres, sciences et arts, 8 pages, 1896.

Étymologies de Beuvray et de Château-Chinon. *Bulletin* de la Société nivernaise, 16 pages, 1897.

L'Évolution des Parlers du Nivernais, étudiée d'après la méthode graphique, 8 pages dans le Compte rendu du quatrième congrès scientifique international des catholiques tenu à Fribourg (Suisse), du 16 au 20 août 1897.

Origine et Histoire des Parlers du Nivernais. Six articles parus en 1897 et 1898 dans la *Revue du Nivernais*.

Les Parlers du Nivernais, discours prononcé à l'Institution Saint-Cyr le 26 juillet 1899. Nevers, Cloix, in-8° de 18 pages. Prix : 0 fr. 50. En vente chez l'auteur.

Emploi de la méthode graphique pour l'éducation des sourds-muets, 22 pages (avec 11 figures), février 1900, paru dans la *Parole*, revue internationale de rhinologie, otologie, laryngologie, et phonétique expérimentale. 6, quai des Orfèvres, Paris.

Les dérivés nivernais de « manere » et étymologie du nom de lieu « Maumigny ». Extrait de la *Revue du Nivernais*. Prix : 1 fr.

La Prononciation du latin classique. Extrait de la *Revue du Nivernais*. Prix : 1 fr. 50.

Les noms de lieux dans le Nivernais terminés en y et descendant de gentilices gallo-romains en ius auxquels on ajouta le suffixe gaulois acos. (En préparation).

En vente chez FRANÇOIS, libraire, 29, rue Saint-Martin, Nevers.

NEVERS
G. VALLIÈRE, Imprimeur,
24, avenue de la Gare

9 782019 963682